教育部人文社科基金青年项目(11YJC790104)资助

中国大豆产业安全实证研究

刘宏曼　著

中国农业大学出版社
·北京·

内容简介

大豆产业是国民经济的重要组成部分。1996年开始我国由大豆净出口国转变为净进口国，此后净进口量几乎逐年上升，成为全球最大的净进口国。2014年中国进口大豆7 140万吨，占全球大豆进口量的70%左右。然而在需求和进口快速增长的同时，国内供给却在逐年减少，农民种植大豆积极性不断下降。近年来，随着外资企业大举进入及进口大豆的低价冲击，现已形成原料在国外、加工在中国的布局。与此同时，在中国大豆和豆油市场纵向价格传递中表现出来的不对称，引起了社会各界对外资企业市场力量的广泛关注和质疑，甚至提出了大豆产业危机论。本书基于大豆产业链，对我国大豆生产及贸易、豆油加工、豆油零售等现状深入分析，重点关注进口及外资的比例及其控制作用。同时利用实证模型研究“国内豆油零售价格—国内豆油批发价格—国内大豆批发价格”之间的价格传递关系，重点关注长期价格关系中的传导机制、非对称性，以及短期波动中价格传递的不对称程度、速度和方向。此外，从宏观和微观两个角度，分别运用实证模型对影响大豆供给和农户决策的因素进行全方面分析。

图书在版编目(CIP)数据

中国大豆产业安全实证研究/刘宏曼著. —北京：中国农业大学出版社，2016.8

ISBN 978-7-5655-1679-5

Ⅰ.①中…　Ⅱ.①刘…　Ⅲ.①大豆-产业经济-经济安全-研究-中国

Ⅳ.①F326.12

中国版本图书馆CIP数据核字(2016)第176941号

书　　名　中国大豆产业安全实证研究

作　　者　刘宏曼　著

策划编辑　潘晓丽　　**责任编辑**　潘晓丽

封面设计　郑　川　　**责任校对**　王晓凤

出版发行　中国农业大学出版社

社　　址　北京市海淀区圆明园西路2号　　**邮政编码**　100193

电　　话　发行部 010-62818525，8625　　读者服务部 010-62732336

编辑部 010-62732617，2618　　出　版　部 010-62733440

网　　址　http://www.cau.edu.cn/caup　　**E-mail**　cbsszs@cau.edu.cn

经　　销　新华书店

印　　刷　北京时代华都印刷有限公司

版　　次　2016年8月第1版　2016年8月第1次印刷

规　　格　787×1 092　16开本　11印张　160千字

定　　价　32.00元

本书受教育部人文社科基金青年项目“我国大豆产业纵向关联价格传递问题研究:基于跨国市场力量视角”(项目编号:11YJC790104)资助。

前　言

在经济全球化和区域经济一体化迅猛发展的21世纪，产业安全已经成为世界各民族国家面临的共同问题。中国是世界上农业和农产品开放程度较高的国家之一，随着外国资本对中国农业产业发展的参与程度不断扩大，农业将面临更大的考验。大豆产业是国民经济的重要组成部分，随着中国经济的快速发展，中国大豆对外依赖度越来越高。中国大豆年产量居世界第四，仅次于美国、巴西和阿根廷。但是，随着对大豆需求的日益增长，中国自1999年起变成了世界上最大的大豆进口国。近几年我国大豆产业一直面临进口大豆的低价冲击，现已形成原料在国外、加工在中国的布局，从原料供应角度，我国无疑将在较长一段时间继续依赖进口，且进口量也将逐年增加。目前，中国进口大豆占全球大豆进口量的70%左右，占其国内全部大豆使用量的85%。进口量的激增，以及进口大豆价格低、出油率高的优势，加之外资企业大举进入中国，致使我国大豆加工企业面临严峻的挑战。与此同时，在中国大豆市场纵向价格传递中表现出来的大豆和豆油价格的不对称以及反向运动，引起了社会各界对外资企业价格操纵的广泛关注和质疑。甚至有观点认为，这些跨国公司从大豆种植、采购、定价、进口、加工到销售，几乎垄断了整个大豆产业链，甚至危及到了我国大豆的产业安全。那么，事实上是否如此呢？外资是否具有如此的地位？大豆产业链各环节的市场力量如何？这些问题都有待验证。

另一方面，在大豆的需求量和进口量快速增长的同时，国内大豆的播种面积和产量却没有表现出与此相应的趋势，反而大豆种植面积逐渐减少。2005年以后，无论是在播种面积上，还是在总产量上，国内大豆都呈现出不断下降的趋势。2014年，全国大豆的种植面积同比下降15%～20%。近年来由于大豆生产成本不断上涨，进口大豆的低价压迫，使得豆农的利益得不到保障，农民种植大豆积极性在不断下降。为了提高大豆的种植面积和产量，我国从2014年开始在东北和内蒙古实施大豆目标价格政策。这一政策能否对大豆供给带来积极影响？影响大豆供给以及农民大豆种植决策的因素到底有哪些？大豆产业扶持政策的落脚点最终应该落在哪里？这些都是当今我们亟待解决的问题。

为此，本书基于大豆产业链，对我国大豆生产及贸易、豆油加工、豆油零售等环节深入分析，重点分析大豆、豆油进口及外资的比例及其控制作用。同时利用实证模型研究"国内豆油零售价格—国内豆油批发价格—国内大豆批发价格"之间的价格传递关系，重点关注长期价格关系中的传导机制、非对称性，以及短期波动中价格传递的不对称程度、速度和方向。此外，从宏观的长期统计数据和某一时期微观农户调研数据两个角度，分别运用Nerlove模型和多元Logistic模型对影响大豆供给和农户种植决策的因素进行全方面分析。此研究对跨国企业的战略手段的关注，对大豆产业中市场力量的分析，以及供给反应和农户决策的影响因素的分析，有助于全面把握大豆产业的现状，了解外资的市场地位，找到影响大豆供给的因素，进而有利于政府制定保障大豆产业安全的政策。

本书受教育部人文社科基金青年项目"我国大豆产业纵向关联价格传递问题研究：基于跨国市场力量视角"（项目编号：11YJC790104）资助，在此深表谢意。

本书的成功出版得益于很多人的帮助。在此我特别要感谢的是我的研究生们，没有他们协助搜集资料、整理数据、编辑图表、校对排版，以及参与部分内容的修订，这本书不可能顺利完成。他们参与的章节如下:第2章,王梦醒、牛三妹;第3章,郎郸妮;第4章,郎郸妮、牛三妹;第5章,徐芬;第6章,徐芬、王梦醒;第7章,郭鉴硕、李星晨;第9章,郭鉴硕。此外,我的好友资环学院徐艳副教授在联系出版方面给予了很大的帮助,在此一并表示深深的谢意!

最后,由于作者经验及水平不足,错误之处在所难免,敬请读者批评指正。

刘宏曼

2016年1月

目　录

图目录

表 目 录

第1章 引 言

1.1 研究背景和意义

在经济全球化和区域经济一体化迅猛发展的21世纪，产业安全已经成为世界各民族国家面临的共同问题。中国是世界上农业和农产品开放程度较高的国家之一，随着外国资本对中国农业产业发展的参与程度不断扩大，农业将面临更大的考验。

作为中国重要的农产品，大豆有着不可忽视的地位。大豆产业是国民经济的重要组成部分，其生产出来的豆粕、豆油和各种蛋白食品等，为畜禽、水产养殖以及人类消费和营养保健提供重要保障。随着中国经济的快速发展，中国大豆对外依赖度越来越高。中国大豆年产量居世界第四，仅次于美国、巴西和阿根廷。但是，随着对大豆需求的日益增长，中国自1999年起变成了世界上最大的大豆进口国。近几年我国大豆产业一直面临进口大豆的低价冲击，现已形成原料在国外、加工在国内的布局，从原料供应角度，我国无疑将在较长一段时间继续依赖进口，且进口量也将逐年增加。目前，中国进口大豆占全球大豆进口量的70%左右，占其国内全部大豆使用量的85%。

近年来，中国大豆市场经历了重大的结构变化，包括大豆压榨企业成本结构的变化以及能够影响大豆上游和下游价格的垄断性外资企业的出现。尤其是 2004 年行业内周知的中国“大豆危机”后，四大跨国粮食集团（美国 ADM、邦基 Bunge、嘉吉 Cargill、法国路易达孚 Louis Dreyfus）通过大规模低价收购国内豆油停工企业，控制了进口大豆的购买，中国作为世界最大的大豆进口国，却没有议价能力。与此同时，在中国大豆市场纵向价格传递中表现出来的大豆和豆油价格的不对称以及反向运动，引起了社会各界对外资企业价格操纵的广泛关注和质疑。甚至有观点认为这些跨国公司从大豆种植、采购、定价、进口、加工到销售，几乎垄断了整个大豆产业链，甚至危及到了我国大豆的产业安全。

那么，事实上是否如此呢？外资是否具有如此的地位？大豆产业链各环节的市场力量如何？为了回答这些问题，本书基于大豆产业链，对我国大豆生产及贸易、豆油加工、豆油零售等环节深入分析，重点分析大豆、豆油进口及外资的比例及其控制作用，同时利用实证模型研究“国内豆油零售价格—国内豆油批发价格—国内大豆批发价格”之间的价格传递关系。重点分析长期的纵向价格关系以及短期的价格波动，特别关注长期价格关系中价格传递的方向、对称性，以及短期波动中价格传递的不对称程度、速度和方向，有利于明确把握大豆产业链的各个节点间价格的相互影响关系，从而判断食品产业链中各价格主体的地位和作用。此研究对跨国企业的战略手段的关注、对大豆产业中国际垄断因素的价格操纵，以及食品企业的市场力量的分析，有助于政府制定保障大豆产业安全的政策。

另一方面，既然对大豆产业安全的忧虑来自于大豆的进口冲击以及外资的进入，那么国内的大豆供给形势如何？国内的供给能否提供有力的保障呢？事实上，近年来大豆生产成本不断上涨，进口大豆的低价压迫，使得豆农的利益得不到保障，农民种植大豆积极性在不断下降。为了保障我国大豆的供给，满足日益增长的大豆消费需求，必须保证甚至提高国内大豆的产量，这就要求从两方面入手，一是扩大种植面积，二是提高单产。目前，我国大豆平均单产与世界先进水平的差距悬殊，大豆品种产量较低，抗倒伏、抗病虫和抗逆能力差，病虫草害严重，这些影响了大豆的单产水平。虽然转基因大豆具有高产、低成本、较高经济效益的优势，能简化田间作业，节省劳动力，但考虑到转基因大豆的安全争议和生态环境问题，我国当前还没有允许转基因大豆的种植。在提高大豆单产方面，我国也做出了相应的努力，优良品种不断涌现，栽培技术不断改进，然而大豆单产提升的实质效果还需要长期的研究和试验。因此，当前为了保证我国国内大豆的供应量，稳定并适当扩大大豆的种植面积是首要选择。为了提高大豆的种植面积和产量，我国从2014年开始在东北和内蒙古实施大豆目标价格政策，并公布2014年大豆目标价格为每吨4 800元。这一政策能否对大豆供给带来积极影响？影响大豆供给以及农民大豆种植决策的因素到底有哪些？大豆产业扶持政策的落脚点最终应该落在哪里？这些是当今我们亟待解决的问题。

为此，本书从两个不同的角度对农户大豆种植面积决定的影响因素进行了全面分析，一个是用历史统计数据客观地反映大豆面积变动的影响因素，实证大豆种植面积是否对价格反应敏感，如果不敏感，那到底还有哪些因素影响农户种植面积决策。另一个是用某一时期微观农户调研数据说明农户大豆种植面积变动意愿的影响因素，考虑价格以外的更多因素，包括众多不能准确定量的二元选择变量，来分析到底是什么影响大豆面积变动。两方面的实证分析互为补充，又各自有所侧重，为全面分析农户种植决策提供了有益的借鉴。该研究对于解释农民进行结构调整的原因，促进农业供给侧改革，以及更好地制定大豆目标价格政策，稳定和扩大大豆供给，进而维护我国整体大豆产业安全等具有重要的现实意义。

1.2 国内外研究现状及评价

农业产业安全是指在开放的经济体系中，一个国家或地区的特定产业如何在国家竞争中保持独立的产业地位和产业竞争优势（郑宝华，2008）。国外对于发展中国家农业产业安全状态的观点比较一致，即认为发展中国家农业产业处于不安全状态。GRAIN（2009）指出跨国公司在发展中国家的农产品生产领域关键环节的兼并和收购现象，对发展中国家的农产品产业影响深远，会引起粮食危机。Vandam Shiva *et al*.（1999）、Byeong Seon Yoon（2006）认为发达国家的大型农产品跨国公司利用合并、收购、知识产权控制和生产专业化等方式，对其他国家的农产品产业实施以少数发达国家为中心的垂直一体化战略，逐渐控制了从原材料供应、核心加工到最终销售的全部农产品生产链条。在这个过程中，全球个体农民和中小农场大量破产，发展中国家失去农产品自主权，产生严重的农产品产业安全危机。

在作物产业安全方面，目前的文献涉及棉花（张淑荣，2012；王群超，2013）、玉米（钱宇，2013；彭超，2010）、油菜（王璐，2014）等，而大豆作为目前我国对外依赖度最高的作物之一，对其产业安全的研究更加受到学术界的关注。

1.2.1 我国大豆产业安全现状的评估

在评价大豆产业安全现状时，现有文献主要通过选取一系列相关指标，并通过对每个指标赋予权重并加总的方式得到产业安全的综合评分，以此作为衡量安全状态的指标。在选取变量时，现有文献多以何维达（2007）建立的产业安全指标体系为基础，从国内环境、国际竞争力、对外依存度和产业控制力等角度选取具体指标。目前权重的确定方法可以分为两类，一类是主观赋权法，另一类为客观赋权法。

主观赋权法主要凭借人为经验判断得到各指标的权重。谷强平（2015）选取大豆产业国际竞争力指数、进出口对外依存度等指标，并假定各个指标之间的权重相同，计算大豆产业安全指标值到安全状态的映射值，最终得出大豆产业安全度综合指数，并据此对中国大豆产业安全状况进行了测算。结果表明自2000年以来，我国大豆产业安全一直处于“危机”状态，并有进一步恶化的趋势。张昕（2010）建立了产业国内环境、产业国际竞争力、产业对外依存度以及产业控制力四个指标，并根据经验对不同的指标进行了分别赋值，进而综合估计了中国大豆产业安全度，结果表明我国大豆产业安全问题很严峻，处在危机状态。

主观赋权法操作较为简单，但存在很大的不客观性，可能影响产业安全评价结果的准确性。因此更多的学者采用了客观赋权法，即根据各指标间的相关关系采用统计分析的方法来确定权数，避免了人为因素的影响而带来的偏差，具体可以分为主成分分析法和因子分析法。贾兴梅（2012）运用主成分分析法，选取国内环境、国际竞争力、对外依存度三个指标，对中国大豆产业安全状况进行初步评估。结果显示，1996—1999年中国大豆产业处于安全状态；除2002年外，2000—2010年，中国大豆产业处于不安全状态，2009年中国大豆产业安全度达到最低点。吴燕红(2013)选取大豆产业国内生存环境、大豆产业国际竞争力、大豆产业对外依存度、大豆产业控制力这4个一级指标以及劳动力成本、相对土地资源状况、国际市场占有率、显性比较优势指数、产品价格比、产业进口依存度、大豆自给率、外资品牌控制率和外资股权控制率这9个二级指标对中国大豆产业安全进行主成分分析，结果表明中国大豆产业不安全度在逐年上升。谢淑华(2015)根据大豆产业链的四个环节选取了针对种植链的种植效率、成本效率、产出效率，针对贸易链的对外依存度、国际市场占有率、贸易竞争力指数、定价权指数，针对加工链的产能利用率、中资压榨能力控制率，以及针对消费链的消费量增长率、国产大豆消费率等4个一级指标和11个二级指标，采用因子分析法对大豆产业安全进行了综合评价。结果显示我国大豆的产业安全水平在加入WTO之后的近十几年中整体处于恶化的趋势中，并且安全得分的下降幅度较大。于洁(2015)从种植、加工、贸易、大豆产品安全四个方面考虑，用种植稳定性、大豆压榨行业内资垄断强度、中国大豆对外依存度、国产大豆市场占有能力、国产大豆的贸易竞争力指数、国产大豆的比较优势指数、非转基因大豆市场控制强度等10个指标对我国大豆的产业安全进行因子分析，结果表明国产大豆的产业安全效用都大幅下降。

1.2.2　我国大豆产业危机的原因及对策研究

在实证研究的基础上，很多学者还探讨了我国大豆产业存在危机的原因及对策。张光辉(2008)研究表明需求激增和管理制度缺失是导致我国大豆产业不安全的两个主要原因，为了保证我国大豆产业安全，需要：在生产环节提高大豆产业组织化程度，制定大豆补贴政策；在加工环节，扶持国产大豆加工企业，约束外资行为；在贸易环节，规范大豆进口，调整贸易规模，提高大豆品质，鼓励出口。鲍韵(2013)认为跨国公司通过控制大豆产业链上的每个环节(大豆货源、生产、深加工和贸易)来控制我国大豆产业。为了改变危机的现状要提高大豆产量，降低生产成本；保障大豆价格，提高定价权能力；建立大豆行业协会，发展壮大我国大豆相关企业品牌，建立非转基因大豆保护区，提高非转基因大豆市场控制强度。王瑶(2013)通过对我国大豆产业安全态势的分析,发现大豆过度进口是影响大豆产业安全的一个重要因素。作者还提出进一步通过建立贸易救济体系的方式改善现状,具体包括建设我国大豆产业安全预警体系、制定合理的大豆技术标准和认证体系、完善转基因大豆国际贸易的技术法规体系、制定科学的大豆检验检疫的技术措施、积极参与转基因大豆国际标准的制定这五个方面。

部分学者还针对我国大豆主产区的产业安全问题进行研究。赵勤(2010)研究表明黑龙江省大豆面临的主要问题是:产量效益低,专用性不强;加工链条短,结构不合理;流通成本高,物流制约严重;产业链脆弱,传导关系被扭曲;政策保护支持不够。为了振兴黑龙江的大豆产业,应当加强宣传引导,建立非转基因保护机制;提高生产水平,完善政策扶持体系和产业风险管理体系。潘文华(2014)认为黑龙江大豆产业安全面临的挑战不仅是缘于成本和资金等外部因素,更缘于转化、种植、加工、流通、政策、观念等环节上的内部因素。因此应当主要从内部入手,发挥黑龙江省大豆高蛋白、非转基因特色,重点发展大豆食品产业,在做大做强并注重占有其高端市场,与转基因豆油逐步实现价格差异化,最终走向独立发展的道路。

1.2.3 国内外研究现状述评

从已有文献可以看出,虽然不同学者在对指标赋值时所采取的方法不同,但得出的结果都是一致的,即我国大豆产业安全处于危机的状况。在大豆产业安全的影响因素和对策研究中,现有文献多采用经验分析的方式,对于理论的说明和计量模型的运用较少。值得一提的是,张昕(2010)在采用加权指标评估国内大豆产业安全现状的同时,进一步地利用灰色模型、DEA 模型、趋势外推等方法对大豆产业进行了评价,预测在未来 10 年中国大豆产业仍将处于危机状态,前景堪忧。更进一步,在理论方面提出了基于全球生产网络的新产业安全观,即要从资源要素、国际产业竞争力、引进外资和金融产业安全四个方面系统阐释全球生产网络形成对中国现实产业安全形成的威胁。

综上所述,目前对我国大豆产业安全研究的文献较多,也取得了相当多的成果,对产业安全造成威胁的原因及对策的分析为本研究提供了参考和借鉴。

但目前研究得出大豆产业存在危机的结论多数是使用一些指标体系，针对各个方面的深入的实证研究仍显欠缺。本研究对大豆产业安全的研究不力求全面，仅仅选择产业链现状、纵向价格传递以及供给反应和农户种植决策四个角度，侧重实证分析，力求对目前研究做有益的补充，为保障我国大豆产业安全提供借鉴和参考。

1.3 本书的研究内容

全书的主要内容包括九章：

第1章，引言。介绍了研究背景和意义、国内外研究现状、本书的研究内容以及研究特色。

第2章，中国大豆生产及贸易分析。介绍了世界大豆生产的状况及中国的地位，中国大豆生产的状况及黑龙江的地位，中国大豆进出口数量、金额，进口来源国以及进出口价格，以及世界转基因大豆的生产和在中国的情况。

第3章，中国大豆加工业市场分析。全面分析介绍了世界大豆加工业产能，外资进入我国大豆加工业的背景、手段及目前市场地位，国内大豆加工企业的生产布局及行业集中度，大豆加工企业成本结构的变化以及我国大豆加工业存在的问题。

第4章，中国豆油零售市场分析。在与主要食用植物油产品对比的基础上，全面分析了中国豆油市场的生产、消费及贸易情况，重点分析了豆油市场的营销环境，突出外资企业和国内企业的发展对比。

第5章，我国大豆和豆油市场纵向关联价格传递研究。本章基于1995年1月至2014年12月我国大豆、豆油月度价格数据，在分析"大豆批发价格—豆油批发价格—豆油零售价格"长期均衡关系的基础上，利用格兰杰因果检验分析价格传导的路径，并应用脉冲响应函数和方差分解分析纵向价格在面对短期冲击时反应的时间和传递强度。重点关注价格传递是否具有不对称性，从而分析各价格主体的市场力量。

第6章，我国大豆和豆油市场纵向价格的价差影响因素分析。在第5章"大豆批发价格—豆油批发价格—豆油零售价格"三种价格内部传递分析的基础上，从“大豆批发价与豆油批发价”价差和“豆油批发价与豆油零售价”价差两个方面，基于供给、需求、成本和市场四个角度探讨形成价差的外部影响因素。

第 7 章，我国大豆供给反应实证分析。本章通过 Nerlove 模型，根据 2001—2014 年全国大豆主产省区大豆生产种植的相关数据，建立全国大豆供给反应模型，研究了大豆供给变化对价格、面积、替代作物收益、政策以及时间趋势变量的反应程度和速度，计算大豆短期供给弹性和长期供给弹性，为我国大豆目标价格政策的制定提供依据。

第 8 章，农户大豆种植决策及意愿分析——基于黑龙江省的实地调研数据。本章根据黑龙江省大豆种植农户的调查数据，对农户的家庭基本情况、大豆生产销售情况、参加社会化服务组织情况、对大豆目标价格政策认知情况及满意度情况进行了描述性统计分析。然后根据调研数据，从农户的个人特征、家庭结构特征、大豆生产销售情况、替代作物影响以及农户对大豆目标价格政策认知评价情况等五个方面选取解释变量，建立多元 Logistic 模型，对影响农户大豆种植面积决策行为的因素进行了实证分析。

第 9 章，结论及研究展望。对全书进行总结，并提出了进一步研究展望。

1.4 本书的研究特色

本书的研究特色表现在以下几个方面：

(1)在“大豆批发价格—豆油批发价格—豆油零售价格”的纵向价格传导机制研究中，一般学者对原序列或差分序列直接进行的格兰杰检验是两两价格的因果关系检验，忽略了第三个价格对另两者的影响，而本书是采用基于 VEC 模型的格兰杰因果检验，同时检验三种价格的因果关系，在考虑三种价格间的交互影响基础上分析三个价格间的传导路径。

(2)在纵向价格内部传导机制研究的基础上，进一步全面分析了影响“大豆批发价格—豆油批发价格” 和“豆油批发价格—豆油零售价格”价差的外部影响因素，并通过对价差模型进行逐步回归，科学选取变量，进一步提高模型拟合度。内部传导机制和外部影响因素的相互补充，有利于全面把握大豆和豆油市场纵向价格关系。

(3)对我国大豆供给反应研究采用了拓展的Nerlove模型，综合考虑了除价格、面积外其他对大豆的供给反应可能造成影响的因素，如替代作物收益、政策虚拟变量和时间趋势变量等，并对替代作物单位面积纯收益变量采用了多种作物的加权处理。

(4)对于农户大豆种植面积决策的分析，本文提出了“缩小大豆面积、维持大豆面积和扩大大豆面积”的三种选择，采用多元无序Logistic模型对农户种植意愿分析，相对于以往农户种植意愿研究多采用二元Logit模型和Probit模型，研究方法上有所创新。

第2章　中国大豆生产及贸易分析

大豆在我国有几千年的种植历史，20 世纪 30 年代，超过 1 000 万吨的平均年产量使我国成为世界上最大的大豆生产国，其产量占世界大豆总产量的 90%。但新中国成立后的五十余年，大豆生产一直徘徊不前。1996 年，中国对大豆进口实施开放政策，我国由大豆净出口国转变为净进口国，此后净进口量几乎逐年上升，成为全球最大的净进口国。然而，在我国大豆需求和进口量快速增长的同时，国内大豆生产却没有表现出与此相应的趋势，反而大豆种植面积逐渐减少。大豆产业是国民经济的重要组成部分，其生产出来的豆粕、豆油和各种蛋白食品等，为畜禽、水产养殖以及人类消费和营养保健提供重要保障，全面把握我国大豆供给状况对于保障我国大豆产业安全具有至关重要的作用。

2.1　中国大豆生产状况

2.1.1　世界大豆生产及中国的地位

我国是世界重要的大豆生产国、消费国和进口国，但近年来我国大豆生产在世界范围内的优势大幅度减弱。自 2001 年起，我国大豆产量一直位于世界第四位，排在前三的分别是美国、巴西和阿根廷，而且我国大豆的播种面积在2001—2006年之间，同样排在这3个国家之后，但2006年之后，印度大豆播种面积一跃而上，超过我国成为世界大豆播种面积第四大国家，我国排名变为第五。

2.1.1.1　世界大豆生产及分布

世界大豆生产情况如图2-1所示：整体来看，1990—2014年世界大豆总产量呈上升趋势，由1990年的10 845.64万吨增加到2014年的30 843.61万吨，上涨了将近三倍。从图2-1可以看到，1990—1998年大概8年的时间产量增加了5 000万吨，1998—2004年产量同样增加5 000万吨只用了6年的时间，2004—2010年和2010—2014年大豆产量的增幅都接近5 000万吨，所需要的时间则越来越短。这也说明世界大豆的产量年增长率越来越高。

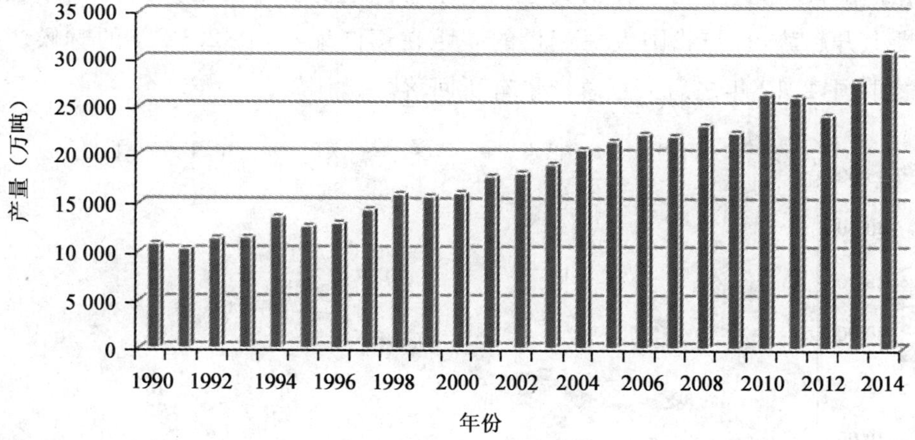

图2-1　1990—2014年世界大豆产量

数据来源：FAO

20世纪90年代，全世界有80多个国家和地区种植大豆，总面积约为7 000万公顷，总产量约为1.5亿吨。其中，美洲大陆大豆种植面积最大，共计5 172万公顷，占世界的74%，主要分布在美国、加拿大、巴西、阿根廷和巴拉圭；亚洲共有24个国家种植大豆，共计1 682万公顷，占世界的24%，主要分布在中国、印度和印度尼西亚；欧洲有20个国家种植大豆，共计79.2万公顷，占世界的1.1%，主要分布在俄罗斯、意大利和法国；非洲有20个国家种植大豆，共计88.3万公顷，占世界的比例达1.3%，主要分布在尼加拉瓜、乌干达、津巴布韦和南非。目前来看，美国、巴西、阿根廷和中国仍然是大豆的主要生产国。

世界大豆主产国的生产现状如图2-2所示，最高的折线表示世界大豆产量的趋势，上涨很快。在下面五个国家中，美国的大豆产量一直居于首位，在1990年大豆产量就已经在5 000万吨左右，约占当时世界产量的50%，2014年产量突破10 000万吨。巴西居于第二位，且上涨幅度要高于美国，1990年的产量与美国差距较大，但在2014年已经直逼美国，增加到了将近8 000万吨。阿根廷和中国在4个国家中分别排第三和第四，总体来看阿根廷大豆产量在增加，但在2009年产量萎缩了将近2 000万吨；中国在20几年间的大豆产量变化范围很小，且近几年我国大豆产量呈下降趋势。印度的大豆产量一直呈缓慢上升趋势，且与我国大豆产量的差距在逐渐缩小，在2012年的时候产量超过中国，2012年之后大豆总产量有所回落。

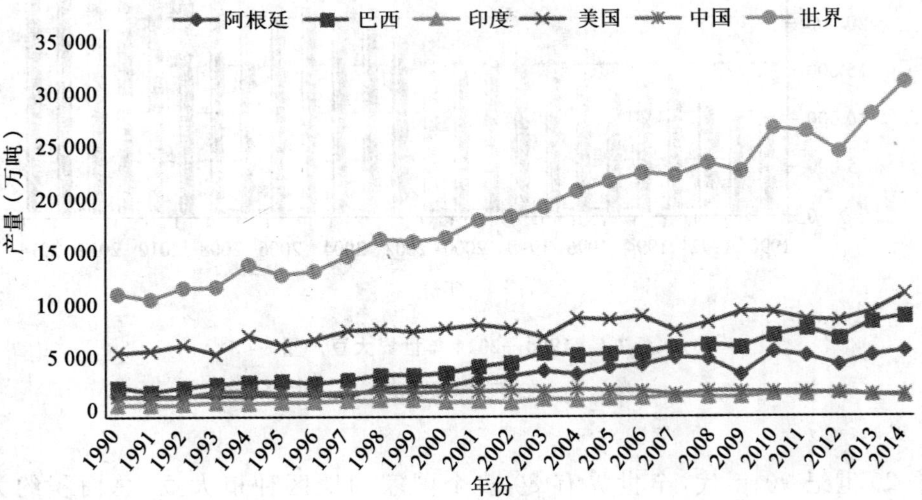

图2-2　1990—2014年世界大豆主产国产量情况

数据来源：FAO

图2-2可以看到各主产国产量变化的趋势，图2-3是各主产国大豆产量占

世界总产量的比例情况。从 4 个饼状图来看，美国的产量一直在 34%以上，1990 年接近世界产量的一半。巴西的产量占世界总产量的比例在 20%左右，且近几年增长较快，接近 30%的比例。阿根廷 1990 年只占世界产量的 10%，2014 年增加到 17%，中国的产量占比由 1990 年的 10%下降到 2014 年的 4%，比例萎缩较大。印度大豆产量的占比变化不大，虽然 2006 年之后印度大豆种植面积居于世界第四，但产量的排名略有波动。

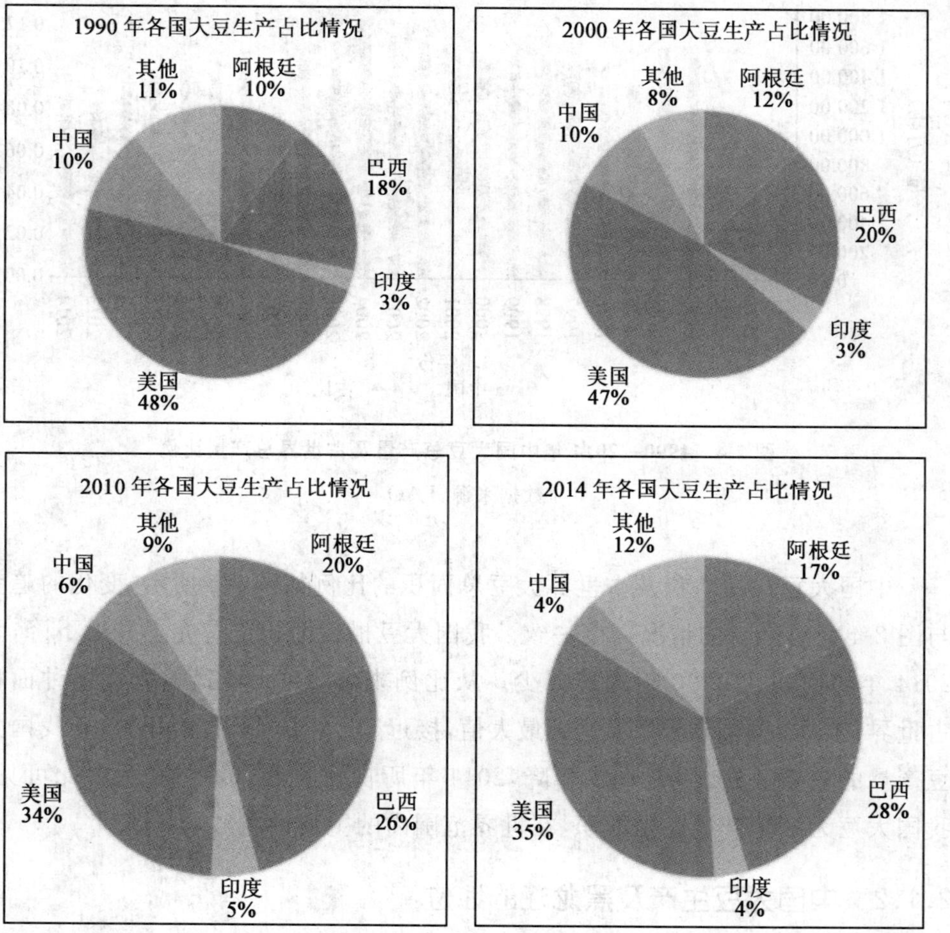

图 2-3　不同年份各国大豆生产占比情况

2.1.1.2 中国的地位

图 2-4 表示中国大豆总产量以及 1990 年以来我国产量占世界总产量的情况。我国的大豆产量 2014 年只比 1990 年增加了 100 万吨左右，总体是先上升后下降的趋势，在 2004 年产量达到峰值，突破了 1 700 万吨，但也只占世界的 8%。从占比来看，自 1993 年开始呈直线下降趋势。

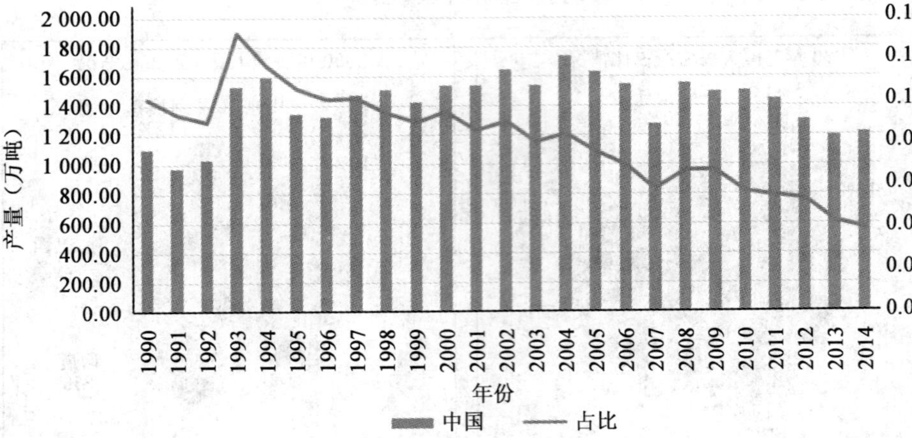

图 2-4 1990—2014 年中国大豆总产量及占世界总产量比例

数据来源：FAO

中国大豆种植面积及占世界大豆总面积的比例如图 2-5 所示，变化的趋势与图 2-4 大豆产量的情况高度一致。我国大豆播种面积也是先上升后下降，且 2014 年的面积比 1990 年的还要少。从比例来看，1990 年我国大豆播种面积占世界的 13%左右，1993 年达到最大值，接近 15%，从 1993 年开始，和我国大豆产量的趋势一样，都是直线下降，2014 年所占比例在 6%左右。由此可见，我国大豆无论是产量还是面积，在世界范围内的重要性在减弱。

2.1.2 中国大豆生产及黑龙江的地位

2.1.2.1 中国大豆主要生产区

大豆是生命力极强的作物，既能忍受炎热，又能抵抗严寒，大豆在我国的种植可谓遍及全国各地。除青海、西藏等少数地区外，大豆的种植范围几乎覆

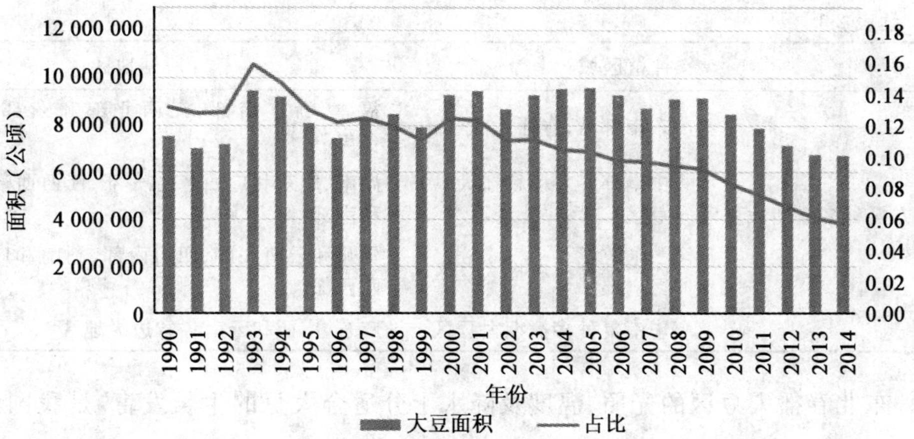

图 2-5　1990—2014 年中国大豆种植面积及占比情况

数据来源:FAO

盖了其他所有省份地区。由于不同的光照、热量和水分会对大豆的生长发育产生不同的影响,而且大豆的种植分布也会受到这些因素的影响,因此不同地区大豆的种植品种、品质也不同。我国大豆的种植区域划分为三大区、十个局部区域(表 2-1)。

表 2-1　中国大豆种植区域分布

	种植区域	所辖地区
	东北春播大豆区	内蒙古、黑龙江、吉林、辽宁
北方一熟春播大豆区	北部高原春播大豆区	山西和陕西两省北部地区、河北省的长城以北地区、内蒙古部分高原和河套地区、宁夏地区
	西北春播大豆区	新疆北部
	冀晋中部夏、春播大豆区	河北省长城以南地区、保定、天津以北地区、山西中部和东南部
黄淮流域复种夏播大豆区	黄淮流域夏播大豆区	山东、河南、江苏洪泽湖、安徽淮河以北、山西南部、陕西关中和甘肃天水
	长江流域夏、春播大豆区	江苏、安徽、江西、湖北和湖南等省的长江沿岸、河南和陕西二省的南部、浙江北部、四川盆地及丘陵

续表 2-1

种植区域		所辖地区
南方夏种多播期大豆区	东南部秋、春播大豆区	福建、浙江南部、江西北部和东部、台湾
	中南部春、夏、秋播大豆区	湖南、广东和广西各省大部、江西西部和南部
	西南部高原春播大豆区	贵州和云南大部、四川南部、湖南和广西西部
	华南复种多播期大豆区	广东、广西和云南各省边缘地区

东北春播大豆区的光照、温度及降水十分适合大豆的生长发育，是我国的第一大豆产区。大豆种植一年一熟，产出的大豆呈黄色，饱满有光泽，具有含油量高，高蛋白质和秸秆高的特点，品质优良。北部高原春播大豆区和西北春播大豆区由于是强烈的大陆性气候，因此干旱少雨，土地质量不高，使得大豆种植地块小且分散，而且主要以耐贫瘠的黑大豆为主要种植品种。黄淮流域夏播大豆区是我国的第二大豆产区。冀晋中部夏、春播大豆区早期以春播大豆为主，但由于冬小麦面积的不断扩大，所以开始发展早熟的夏播大豆。这两个大豆种植区的夏播大豆一般一年两熟，具有低秸秆、高蛋白质、低含油量的特点。长江流域夏、春播大豆区是我国的第三大豆产区。夏播大豆单产较高，春播大豆是与玉米间作或与小麦套种，4 月初播种，7 月中旬即可收获。

虽然在我国，大豆种植区域十分广泛，但不同地区种植面积却大相径庭，北方一熟春播大豆区和黄淮流域夏播大豆区是我国主要的两大大豆产区，这两类地区大豆的种植面积和产量在全国所占的比例约达到 70%以上。其中，北方一熟春播大豆区中，东北地区大豆产量和种植面积均占全国的一半以上。

表 2-2 提供了 1980 年、2000 年、2010 年以及 2014 年中国大豆主要生产省份的大豆产量数据及排名情况。可以看出，自 1980 年以来，在全国大豆主产省区中，黑龙江省的大豆产量一直位居第一位，且远远超过其他省区，黑龙江产量 1980 年时 220.5 万吨，在 2014 年增加到了 460.4 万吨，是原来的 2 倍还要多，但从这五年的趋势来看，其大豆产量也是先上升后下降。对于排名前十的大豆主产省区来讲，黑龙江、吉林、河南、山东、安徽和江苏始终在前十的行列，其他省份的名次则有变化。对于始终位列前十的几个省份来讲，大豆产量

的总趋势都是在下降，但有一个省份比较特殊。安徽省1980年的大豆产量为49.5万吨，居于第六位，2000年排名第五，随后排名和产量都呈上升趋势，在2014年安徽省的产量已经达到115万吨，仅次于黑龙江的产量。

表 2-2　中国大豆主产省区排名情况　　万吨

排名	年份							
	1980年		2000年		2010年		2014年	
	省区	大豆产量	省区	大豆产量	省区	大豆产量	省区	大豆产量
1	黑龙江	220.5	黑龙江	450.1	黑龙江	585.0	黑龙江	460.4
2	河南	92.0	吉林	120.3	内蒙古	133.4	安徽	115.0
3	山东	84.0	河南	115.8	安徽	119.8	内蒙古	81.9
4	吉林	60.5	山东	104.6	吉林	86.6	河南	54.6
5	辽宁	53.5	安徽	91.5	河南	86.4	四川	51.9
6	安徽	49.5	内蒙古	85.8	江苏	59.8	江苏	47.3
7	江苏	35.0	江苏	67.0	四川	53.1	吉林	37.4
8	河北	29.5	河北	62.9	陕西	39.7	山东	36.7
9	四川	20.5	辽宁	48.1	山东	38.6	云南	33.9
10	陕西	18.0	湖北	45.8	辽宁	34.1	河北	25.0

数据来源：2014年《中国农业统计资料》。

图2-6中左图是2014年各省大豆种植面积的占比情况，右图是各省大豆产量的占比情况。全国大豆种植面积和产量的1/3以上来自黑龙江省。2014年，我国大豆总播种面积为679.9万公顷，黑龙江省占257.67万公顷，比例约39%。安徽2014年一跃成为我国大豆种植第二大省份，面积占全国的13%，其次是内蒙古和河南，图中的七个省份总的种植面积占到全国的75%。大豆总产量为1 215.4万吨，黑龙江省占460.4万吨，比例约39%。和大豆面积种植情况相似，安徽和内蒙古紧跟其后，但与黑龙江的差距还是很大。除黑龙江以外的其他六个省份总播种面积占全国的32%，黑龙江一个省就占比39%，因此，黑龙江省的大豆生产在我国具有极其重要的地位。

2.1.2.2　中国大豆产量及面积变化情况

如表2-3所示，2001—2009年期间，我国大豆的播种面积处于波动阶段，且波动幅度不大，2005年最高，为959.1万公顷。可自2009年以后，播种面积

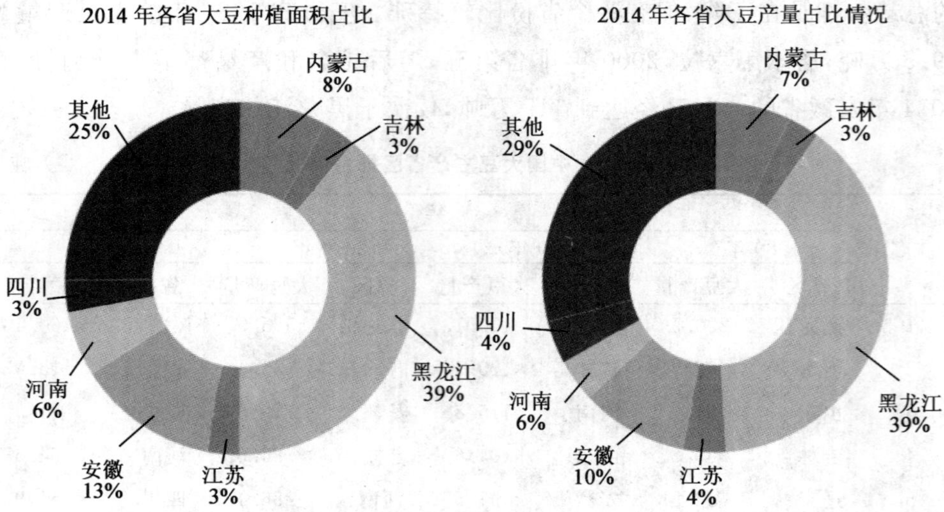

图 2-6　2014 年我国各省份大豆种植情况

数据来源:《中国农村统计年鉴》

逐渐下降,2014 年已下降到 680.0 万公顷,比 2009 年减少了 26.0%,平均年减少率为 5.8%。

2001—2014 年,大豆产量的变化趋势类似于面积的变化趋势,但波动幅度更明显。2004 年大豆产量最高,达到 1 740.4 万吨,2004 之后开始出现下滑,2007 年为 1 272.5 万吨,较 2004 年下降了 26.9%。2008 年大豆产量有所提升,但之后仍然出现了逐年下降的趋势,截至 2013 年,我国大豆产量为 1 195.1 万吨,相比 2004 年,大豆产量下降了 31.3%,平均年减少率为 3.5%。2014 年我国大豆产量较上一年有所增加,达到 1 215.4 万吨。

从大豆单产方面看,2001—2009 年,全国大豆单产的变动情况与产量的变动十分相似,但在 2009 年之后大豆单产有上升趋势,但我国大豆产量在下降,主要原因是大豆种植面积的明显减少。2007 年,大豆单产出现最低值 1 453.7 千克/公顷,2008 年,大豆单产水平较 2007 年有了明显的提高,2009 年虽然有轻微下降,但之后一直都保持缓慢增长的趋势。这一现象的出现可能与生产技术的创新和先进生产设备的应用有关,所以即使大豆产量与播种面积都呈现下降的趋势,但大豆的单产水平却在提升。

从图 2-7 可见，自 2008 年起，我国大豆的产量和面积一直呈下降趋势。

表 2-3　2001—2014 年中国大豆产量、播种面积和单产情况

年份	产量(万吨)	播种面积(万公顷)	单产(千克/公顷)
2001	1 540.7	948.2	1 624.9
2002	1 650.7	872.0	1 893.1
2003	1 539.4	931.3	1 653.0
2004	1 740.4	958.9	1 815.0
2005	1 635.0	959.1	1 704.7
2006	1 596.7	928.0	1 720.6
2007	1 272.5	875.4	1 453.7
2008	1 554.2	912.7	1 702.8
2009	1 498.2	919.0	1 630.3
2010	1 508.3	851.6	1 771.2
2011	1 448.5	788.9	1 836.2
2012	1 305.0	717.2	1 819.7
2013	1 195.1	679.1	1 760.0
2014	1 215.4	680.0	1 787.4

数据来源：2001—2014 年《中国农业统计资料》。

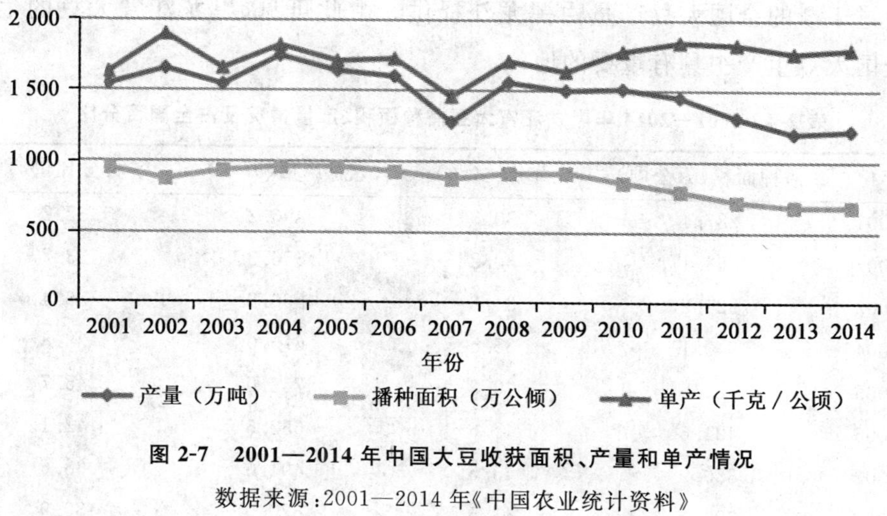

图 2-7　2001—2014 年中国大豆收获面积、产量和单产情况

数据来源：2001—2014 年《中国农业统计资料》

2.1.2.3 黑龙江省大豆生产情况

黑龙江省不仅是我国主要的大豆生产省，同时也是我国重要的大豆出口省，其大豆产业对全省乃至全国的粮食经济都有举足轻重的作用。表 2-4 显示了黑龙江省在 2001—2014 年期间，大豆的播种面积和产量情况以及在全国所占的比例。从表 2-4 中可以看出，在黑龙江省，2001—2009 年期间，大豆播种面积呈波动性上涨，2009 年达到最大值 486.3 万公顷，之后便逐年下降；到 2013 年仅有 230.2 万公顷，比 2001 年减少了 19.9%，比 2009 年减少了 52.7%；但 2014 年播种面积又有显著增加，达到 257.7 万公顷。而在此期间，黑龙江省大豆的产量变动幅度较大。2001—2005 年期间，大豆产量不断增加，2005 年达到峰值 748 万吨，随后两年却急速下滑，2008 年较 2007 年，产量虽然有所回升，但之后也出现了逐年下降的情况；到 2013 年大豆产量仅为 386.7 万吨，比 2001 年减少了 22.1%，比 2005 年减少了 48.3%；随着 2014 年大豆播种面积的增加，大豆产量较上年也有所增长，达到 460.4 万吨，比 2013 年增长了 19.1%。同时，从表中我们可以看到黑龙江省大豆的播种面积和产量在全国大豆播种面积和产量中所占的比例一直在 30% 以上，2010 年，黑龙江省大豆的种植面积占全国的比例甚至达到 52.6%，即超过一半的全国大豆种植集中在黑龙江。2005 年，黑龙江省大豆产量达到了全国大豆产量的 45.7%，说明有超过 1/3 的全国大豆产量由黑龙江提供。由此可见，黑龙江省大豆的生产在全国大豆生产中具有重要的地位。

表 2-4　2001—2014 年黑龙江省大豆播种面积、产量情况及占全国百分比

年份	播种面积(万公顷)	百分比(%)	总产量(万吨)	百分比(%)
2001	287.4	30.3	496.2	32.2
2002	263.1	30.2	556.3	33.7
2003	324.2	34.8	560.8	36.4
2004	340.1	35.5	675.0	38.8
2005	421.5	43.9	748.0	45.7
2006	424.6	45.6	652.5	42.1
2007	380.9	43.5	491.0	38.6
2008	397.2	43.5	620.5	39.9

续表 2-4

年份	播种面积(万公顷)	百分比(%)	总产量(万吨)	百分比(%)
2009	486.3	52.9	591.9	39.5
2010	447.9	52.6	585.0	38.8
2011	346.2	43.9	541.3	37.4
2012	260.0	38.5	463.4	35.5
2013	230.2	34.9	386.7	30.9
2014	257.7	38.8	460.4	38.8

数据来源:《黑龙江省统计年鉴》,2015 年。

2001—2014 年期间,从大豆单位面积产量方面看,黑龙江省的变化波动情况与全国的变化波动情况基本一致。2004—2007 年全国大豆单产水平不断下降,黑龙江省大豆单产水平处于波动下降,2008 年有所提高,在 2009 年单产水平下降之后,一直保持着轻微的增长趋势,2013 年出现轻微下滑,但 2014 年又有所回升。截至 2005 年,黑龙江省大豆的单位面积产量一直高于全国大豆的单位面积产量,2005—2007 年,两者在数量上十分接近,2007 年以后,全国大豆的单产水平开始反超黑龙江省,但相差不大。2014 年,两者又是旗鼓相当,不相上下,分别为 1 786.8 千克/公顷与 1 787.4 千克/公顷(图 2-8)。

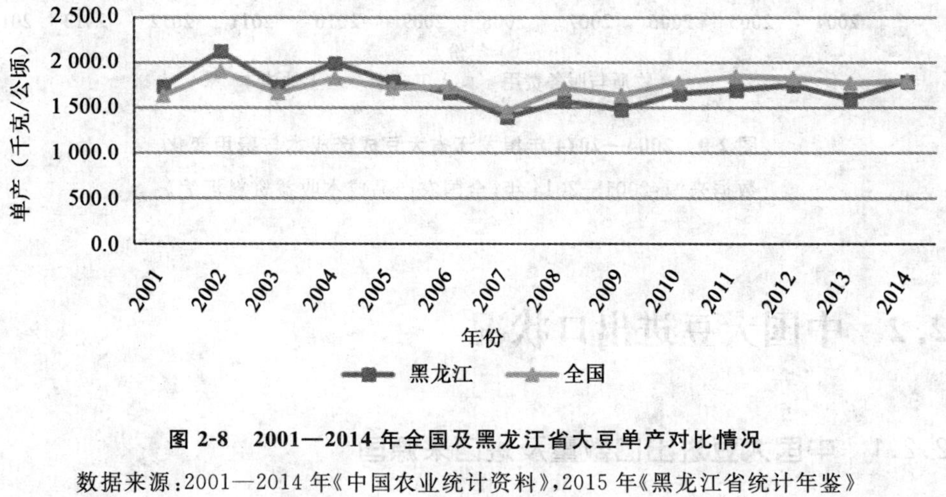

图 2-8　2001—2014 年全国及黑龙江省大豆单产对比情况

数据来源:2001—2014 年《中国农业统计资料》,2015 年《黑龙江省统计年鉴》

大豆的成产成本包括物质与服务费用、人工成本和土地成本，图 2-9 表示我国黑龙江省 2004—2014 年大豆生产总成本及各组成部分的变化趋势。2004—2014 年间，黑龙江省大豆平均每亩总成本从 247.99 元增加到 650.2 元，是 2004 年的 2.62 倍。其中物质与服务费用由 124.01 元增加到 215.28 元，所占总成本的比例由 50％下降到 33％；人工成本由 45.54 元增加到 139.74 元，所占比例变化不大；土地成本 2004 年时 78.44 元/亩，2014 年增加到 295.18 元/亩，比例由 31％上涨到 45％，逼近总成本的一半。总体看来，黑龙江省大豆生产的成本呈持续上升趋势，豆农的利润空间在逐渐压缩，这也是近年来大豆的种植面积逐年下降的原因之一。

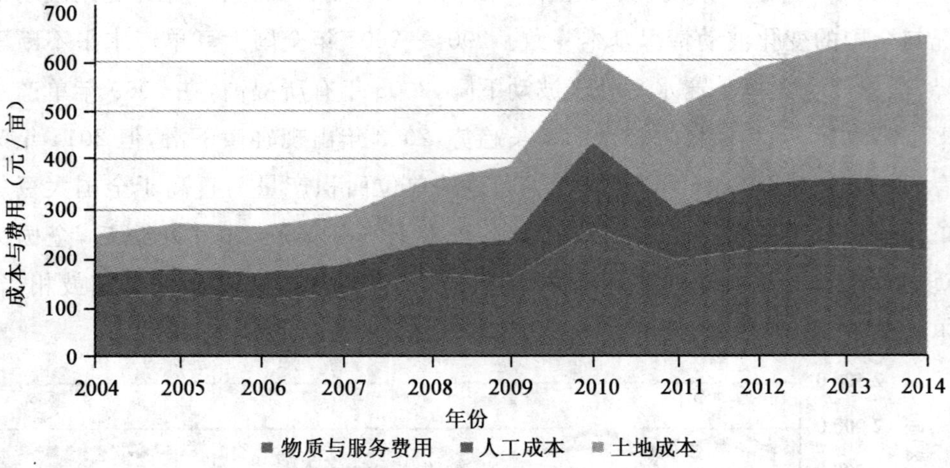

图 2-9　2004—2014 年黑龙江省大豆成产成本与费用变化

数据来源：2001—2014 年《全国农产品成本收益资料汇编》

2.2　中国大豆进出口状况

2.2.1　中国大豆进出口数量及进口来源国

近几年我国大豆产业一直面临进口大豆的低价冲击。2008 年至今用于榨油的大豆中，仅有5%的原料来自国产大豆，其余95%均是进口大豆。从原料供应角度，我国将在较长一段时间继续依赖进口，且进口量也是逐年增加。

2.2.1.1 中国大豆进出口变化情况

自1996年开始，我国大豆的供求局面发生了转变，从全球最大的大豆生产国和出口国转变成了最大的大豆净进口国。结合表2-5、图2-10和图2-11，我们可以看出，2001—2014年，中国大豆的出口量都低于50万吨。2008年之前，出口量保持了轻微的增长趋势，但在2008年之后，中国大豆出口量急剧下降，2010年达到最低，仅有17.3万吨。相反，大豆进口量却一直保持逐年递增的趋势，且进口量远远超过出口量。2014年，中国大豆的进口量已经达到7 139.9万吨，约是2001年进口数量的5倍，是同期大豆出口量的345倍。

表2-5 2001—2014年中国大豆进出口情况

年份	出口数量(万吨)	出口金额(万美元)	进口数量(万吨)	进口金额(万美元)
2001	26.2	8 331.0	1 394.0	280 988.2
2002	30.5	8 848.2	1 131.5	248 317.6
2003	29.5	9 902.9	2 074.1	541 687.6
2004	34.9	15 262.4	2 023.0	697 945.9
2005	41.3	17 812.8	2 659.1	777 912.5
2006	39.5	15 390.9	2 827.0	748 896.8
2007	47.5	20 679.2	3 082.1	1 147 223.2
2008	48.4	36 615.3	3 743.6	2 181 408.9
2009	35.6	24 497.8	4 255.2	1 878 743.7
2010	17.3	12 550.8	5 479.7	2 508 095.4
2011	21.4	16 660.0	5 264.0	2 983 434.6
2012	32.1	28 035.7	5 838.5	3 498 872.2
2013	20.9	20 233.1	6 337.5	3 798 510.4
2014	20.7	19 961.8	7 139.9	4 027 222.1

数据来源：中国海关数据库。

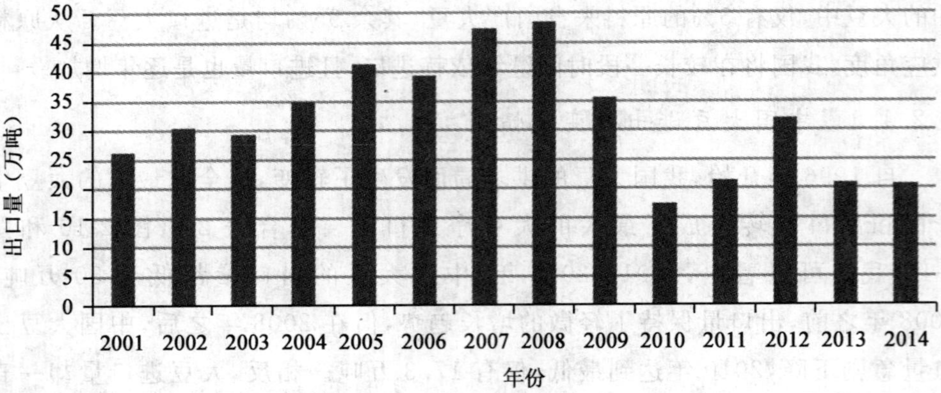

图 2-10　2001—2014 年中国大豆出口量变化情况

数据来源：2001—2014 年《中国海关数据库》

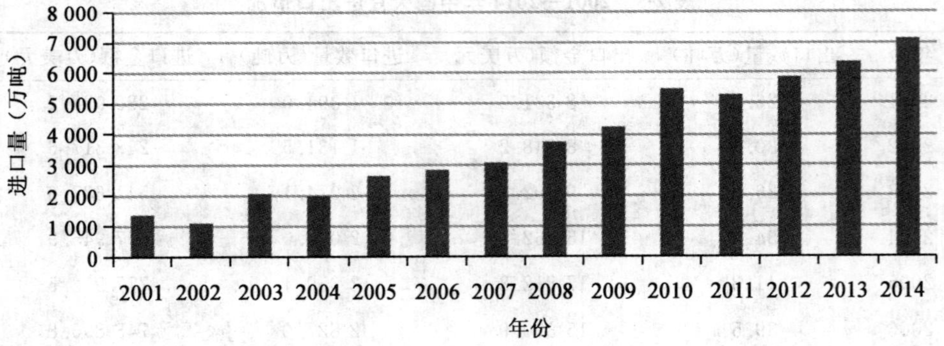

图 2-11　2001—2014 年中国大豆进口量变化情况

数据来源：2001—2014 年《中国海关数据库》

从图 2-12 中，可以看出，在 2001—2014 年期间我国大豆的净进口量呈现整体上升的态势，而且在 2005 年以后出现增长速度加快的趋势。

2.2.1.2　中国大豆进口来源国

从大豆贸易国来看，我国大豆出口主要销往日本、朝鲜、印度尼西亚、马来尼西亚等国家；我国大豆进口主要来源于美国、阿根廷和巴西。

表 2-6 是我国 1992—2015 年大豆进口的主要情况，包括主要来源国进口

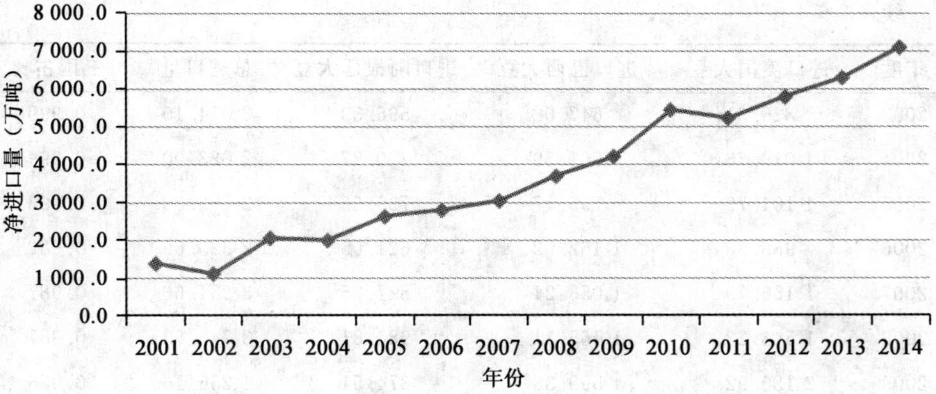

图 2-12　2001—2014 年中国大豆净进口

资料来源：联合国贸易统计数据库（uncomtrade）

数量以及总进口量，最后一列是从 3 个国家的进口量占我国总进口量的比重。1992 年我国大豆进口量只有 12.07 万吨，且 1993—1994 年间还有明显下降趋势，但从 1996 年开始，大豆的进口量急剧攀升，到 2015 年已经增加到 8 169 万吨，是 1992 年的 676.8 倍，可见我国对国外大豆的需求量之大。

表 2-6　1992—2015 年中国进口大豆的主要来源国及总进口量　　万吨

年度	进口美国大豆	进口巴西大豆	进口阿根廷大豆	总进口量	三国占比
1992	7.13	1.00	2.86	12.07	0.911
1993	9.08	0.00	0.00	9.86	0.921
1994	3.47	0.00	0.00	5.16	0.673
1995	14.39	0.70	9.37	29.39	0.832
1996	85.97	5.27	0.00	110.75	0.824
1997	236.65	43.99	0.00	287.59	0.976
1998	175.00	94.12	39.11	319.25	0.965
1999	244.47	86.01	96.40	431.86	0.988
2000	541.38	211.95	278.43	1 041.91	0.990
2001	572.64	316.03	502.04	1 393.95	0.998
2002	461.84	390.94	277.41	1 131.44	0.999

续表 2-6

年度	进口美国大豆	进口巴西大豆	进口阿根廷大豆	总进口量	三国占比
2003	829.31	647.02	596.39	2 074.10	0.999
2004	1 019.78	561.59	440.27	2 023.00	0.999
2005	1 104.79	795.17	739.63	2 659.00	0.993
2006	988.35	1 162.02	621.65	2 823.69	0.982
2007	1 156.79	1 058.21	827.75	3 081.66	0.987
2008	1 543.22	1 165.31	984.81	3 743.63	0.987
2009	2 180.92	1 599.38	374.51	4 255.16	0.976
2010	2 359.73	1 858.72	1 119.05	5 479.77	0.974
2011	2 222.68	2 062.19	778.14	5 245.28	0.965
2012	2 596.92	2 389.13	589.62	5 838.00	0.955
2013	2 223.78	3 180.91	612.40	6 338.00	0.949
2014	3 002.96	3 200.55	600.42	7 140.20	0.953
2015	2 841.24	4 012.56	943.74	8 169.00	0.955

资料来源：联合国贸易统计数据库(uncomtrade)。

美国1992—2012年一直是我国大豆进口的第一大来源国，且我国有将近50%的大豆都是来自于美国，1992—1999年我国的大豆基本上都是从美国进口，1997年之后巴西和阿根廷才逐渐进入我国的大豆市场。2013年之后巴西一跃成为我国大豆第一大进口来源国，直逼我国大豆总进口量的50%。阿根廷从1998年之后才大量出口大豆到我国，且总体来看呈上升趋势，2010年达到最高值1 119.05万吨，约占当年我国进口总量的20%，2010年之后从其进口量又有下降趋势。

美国、巴西和阿根廷是我国主要的大豆进口来源国，自1992年开始，从3个国家进口大豆的总量占我国总进口量的比例基本维持在90%以上，除了1994—1996年低于90%。2015年我国大豆进口量的49%来自巴西，35%来自美国，12%来自阿根廷，从其他国家只进口了4%(图2-13)。所以我国大豆进口的市场过于集中，主要是南北美洲，为了创造更有利的贸易环境，我国应该分散大豆进口市场，尽可能地拓宽渠道。

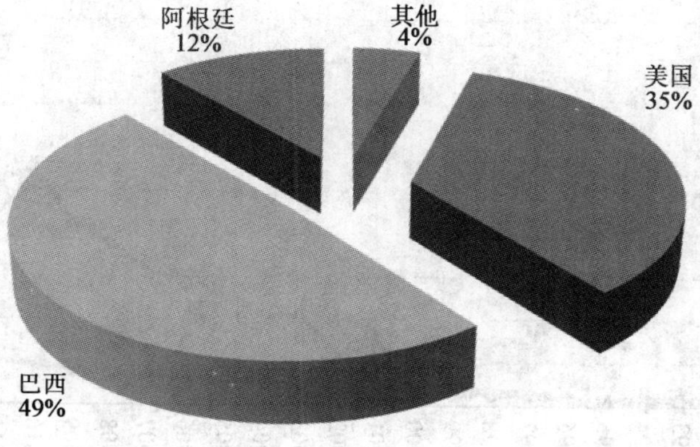

图 2-13 2015 年我国大豆进口来源国情况

2.2.1.3 中国大豆进口量与国内生产量比较

从图 2-14 可以看出，1992—2015 年期间，我国国内大豆的产量处于相对平稳的状态；我国进口大豆的数量在 1999 年开始出现快速增长。截至 2015 年，期间除个别年份略有波动，总体呈现高速增长的趋势，1996 年我国大豆进口量仅有 110.75 万吨，2015 年已达到 8 169 万吨，增长了 73 倍。整体来看，进口大豆的数量与国内大豆产量之间的差距在逐步拉大，2015 年，国内产量仅有 1 150 万吨，而进口数量达到了 8 169 万吨，是国内产量的 7 倍，差距悬殊。我国大豆的总供给可以包括 3 个方面，分别是大豆产量、大豆进口量以及大豆的库存量，由于我国大豆库存量与其他两个方面相比较少，所以产量和进口可以近似看作我国大豆的总供给。供给来源于需求，国内产量虽然在增加，但远远满足不了国内对大豆的需求，因此大豆的进口量近年间激增。

2.2.2 中国大豆进出口价格

2.2.2.1 中国大豆进出口价格变化

图 2-15 显示了 2001—2014 年中国大豆进出口均价的情况，可以看出，大豆进口均价和出口均价的变化趋势基本上是一致的，但出口均价一直比进口均价高，且上升幅度也高于进口均价，2007 年之后我国大豆出口均价与进口均价的差值呈增大趋势，2014 年差值约为 400 美元/吨。2014 年中国大豆的进

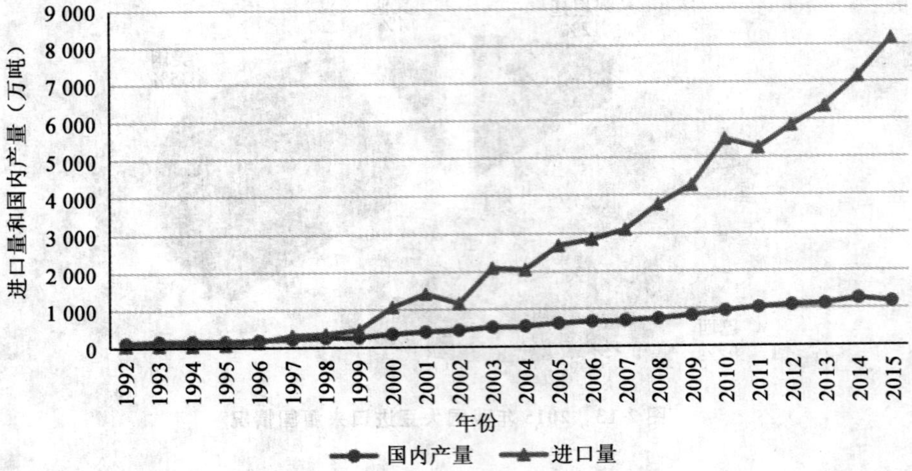

图 2-14　1992—2015 年大豆进口量和国内产量

资料来源：联合国贸易统计数据库（uncomtrade）、联合国粮农组织数据库（FAO）、美国农业部网站、中国海关网

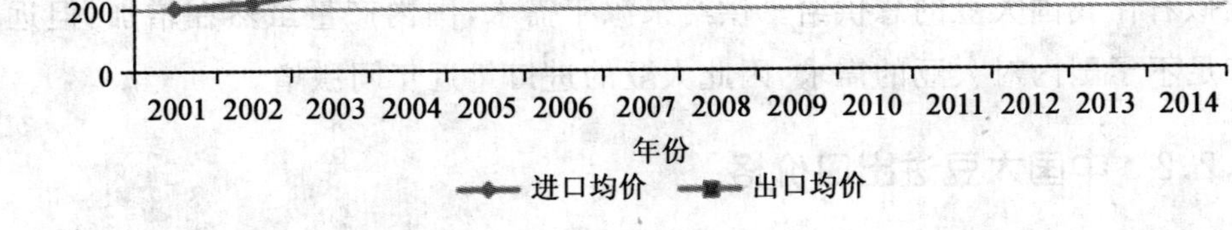

图 2-15　2001—2014 年中国大豆进出口均价变化情况

数据来源：中国海关数据库

口均价是 564.0 美元/吨，出口均价是 962.6 美元/吨，较 2013 年都有所下降，分别下降了 5.9%和 0.4%。由于进口大豆不仅价格低，而且进口价格还有所

下降，使得中国大豆的出口贸易以及国内大豆产业的发展受到了巨大的冲击。我国大豆的出口价格短时间内不会下降，因为大豆总的生产成本一直上升，如果压低出口价格，则豆农的利益会受到很大损失。所以从短期来看，大豆进口量仍会持续增加。

2.2.2.2　中国大豆进口价格与国内批发价格的比较

由于我国大豆对外依存度很高，国内大豆价格主要受国际期货、现货市场大豆价格的影响，国内大豆价格基本上与全球市场走势一致。从图 2-16 可以看出，从 1995 年 1 月至 2014 年 12 月期间，国内批发价格在 1996 年之前出现过大幅波动的现象，此后国内大豆批发价格和进口大豆的价格呈现大致相同的走势，在 2000 年 1 月到 2003 年 7 月之间，国内大豆批发价格出现了一次较大波动，进口价格呈现平缓的态势；此后在 2003 年 7 月到 2005 年 2 月出现比较大的波动，出现一个价格的波峰；随后在 2005 年 2 月到 2007 年 8 月期间再次处于较为平稳的状态；之后 2007 年 8 月到 2009 年 4 月再次出现较大的波动，出现另一个波峰，而且是整个价格区间最高的价格点，随后呈现相对平稳的态势。

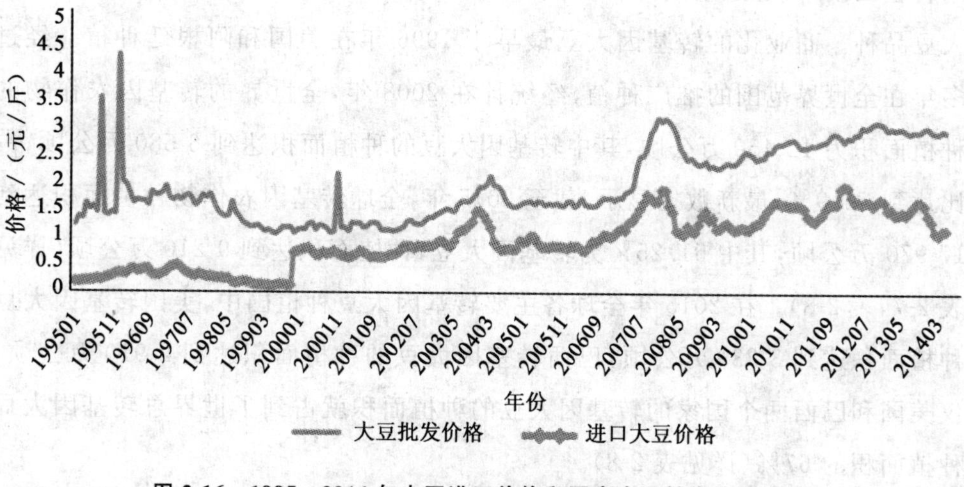

图 2-16　1995—2014 年大豆进口价格和国内大豆批发价格比较

资料来源：国内大豆价格来自中国农业部信息中心的“全国农产品批发市场价格信息网”统计数据、大豆进口价格来自国际货币基金组织（IMF）网站

另外，我们可以很明显地看到，国内大豆批发价格一直高于大豆进口价格，而且两者的差值随着时间的变化逐步呈现增大的趋势，在2014年11月，国内批发价格与进口大豆的价格之差高达2.70元/斤(1斤=0.5千克)，是进口大豆价格的3倍左右。我国国内大豆批发价格的高低主要是由大豆生产总成本决定，批发价格的持续走高也反映了我国大豆成本的大幅上涨；进口大豆的价格不仅包括生产成本，还包括运输成本等。但在这种情况下，进口大豆在价格方面仍比国内大豆有优势，所以我国大豆的进口量增加很快，国内大豆受到很大冲击，种植面积和产量都有一定程度的萎缩。

2.3 世界转基因大豆的生产及中国情况

2.3.1 世界转基因大豆生产情况

目前，转基因大豆(genetically modified soybean，简称GM大豆)，是指利用转基因技术，通过基因工程方法导入外源基因所培育出的具有特定性状的大豆品种。商业化的转基因大豆最早于1996年在美国和阿根廷种植。经过多年在全世界范围的推广种植，经统计在2008年，全世界的转基因农作物的种植面积为12 450万公顷，其中转基因大豆的种植面积达到6 580万公顷，占比达到52.9%；最新数据显示，截至2015年，全球转基因农作物种植面积达到17 970万公顷，其中51.25%为转基因大豆，种植面积达到9 210万公顷(详见表2-7，表2-8)。在2015年全球各主要转基因大豆种植国中，美国转基因大豆种植面积达到3 239万公顷，巴西转基因大豆的种植面积达到2 910万公顷，仅美国和巴西两个国家的转基因大豆的种植面积就占到了世界总转基因大豆种植面积的67%(详见表2-8)。

由此可见，世界转基因作物的种植面积在不断扩大，其中，转基因大豆的种植面积占到转基因作物种植面积的一半左右，其产量也在不断增加，转基因大豆在未来一段时间内仍是主要转基因作物。

表 2-7　2008—2015 年世界转基因农作物及转基因大豆的种植面积　　万公顷

年份	转基因农作物面积	转基因大豆面积	所占比重
2008	12 450	6 580	52.90%
2009	13 340	6 920	51.90%
2010	14 810	7 330	49.50%
2011	16 000	—	—
2012	17 000	8 086	47.56%
2013	17 550	—	—
2014	18 150	9 066	49.95%
2015	17 970	9 210	51.25%

资料来源：中华粮油网整理所得。

表 2-8　2008—2015 年世界主要转基因大豆生产国的种植面积及比重　　万公顷

年份	美国	阿根廷	巴西	世界	合计占世界总转基因大豆的比例
2008	2 819	1 639	1 450	6 580	91%
2009	2 852	1 677	1 620	6 920	91%
2010	2 913	1 813	1 771	7 330	89%
2011	2 852	1 876	2 060	—	—
2012	2 905	1 758	—	8 086	58%
2013	2 880	1 941	2 468	—	—
2014	3 184	1 925	2 740	9 066	87%
2015	3 239	—	2 910	9 210	67%

资料来源：美国数据根据美国农业部网站公布的大豆种植面积及转基因大豆种植比例计算得到。

图 2-17 表示全球转基因作物种植面积的变化情况，转基因作物的种植从 1996 年开始，1999 年之前转基因作物基本上都是在发达国家种植，1999 年后发展中国家的转基因作物种植面积开始快速增长，而发达国家转基因作物面积增速开始减缓，最终在 2011 年发展中国家转基因作物面积赶超了发达国家。从地图的颜色可以看到，种植转基因作物的国家主要分布在南北美洲、中国、南亚、澳大利亚和欧洲、非洲的个别国家。2015 年，28 个国家的 1 800 万农民种植了 1.797 亿公顷的转基因作物，比 2014 年减少了 1%。

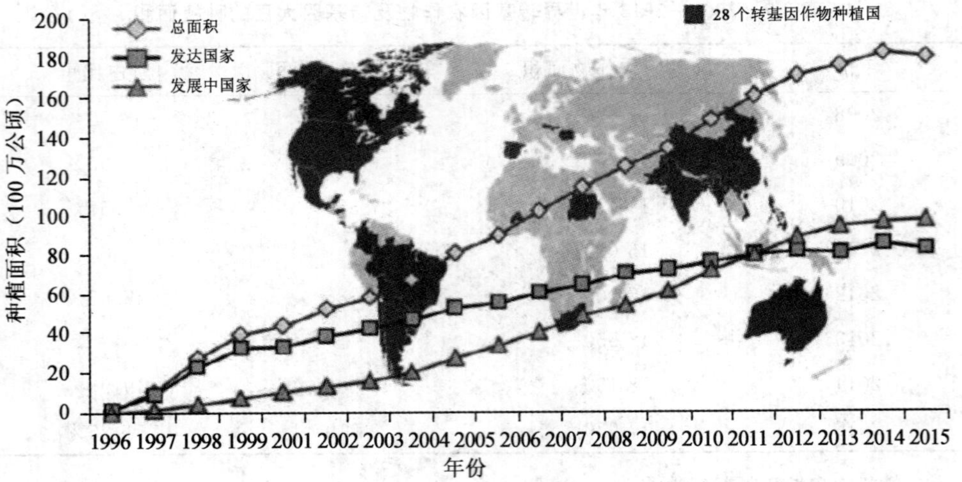

图 2-17　1996—2015 年全球转基因作物种植面积

图片来源于 Clive James,2015

如表 2-9 所示:2015 年美国是全球第一大转基因作物种植国家,种植面积达 7 090 万公顷,涉及的转基因作物品种较丰富,有 9 类;其次是巴西和阿根廷,主要转基因作物是大豆、玉米和棉花,其中大豆占主要部分。印度转基因作物是棉花,我国的转基因作物是棉花、木瓜和杨树,大豆尚未进入我国转基因的范畴。总体来看,转基因作物虽然涉及较广,但种植范围较广的品种不多,主要包含大豆、玉米和棉花。

表 2-9　2015 年全球转基因作物在各国的种植面积　　100 万公顷

排名	国家	种植面积	转基因作物
1	美国	70.9	玉米、大豆、棉花、油菜、甜菜、苜蓿、木瓜、南瓜、马铃薯
2	巴西	44.2	大豆、玉米、棉花
3	阿根廷	24.5	大豆、玉米、棉花
4	印度	11.6	棉花
5	加拿大	11	油菜、玉米、大豆、甜菜
6	中国	3.7	棉花、木瓜、杨树

续表 2-9

排名	国家	种植面积	转基因作物
7	巴拉圭	3.6	大豆、玉米、棉花
8	巴基斯坦	2.9	棉花
9	南非	2.3	玉米、大豆、棉花
10	乌拉圭	1.4	大豆、玉米
11	玻利维亚	1.1	大豆
12	菲律宾	0.7	玉米
13	澳大利亚	0.7	棉花、油菜
14	布基纳法索	0.4	棉花
15	缅甸	0.3	棉花
16	墨西哥	0.1	棉花、大豆
17	西班牙	0.1	玉米
18	哥伦比亚	0.1	棉花、玉米
19	苏丹	0.1	棉花
20	洪都拉斯	<0.1	玉米
21	智利	<0.1	玉米、大豆、油菜
22	葡萄牙	<0.1	玉米
23	越南	<0.1	玉米
24	捷克共和国	<0.1	玉米
25	斯洛伐克	<0.1	玉米
26	哥斯达黎加	<0.1	棉花、大豆
27	孟加拉国	<0.1	茄子
28	罗马尼亚	<0.1	玉米

数据来源：Clive James，2015 年。

2.3.2 转基因大豆对国内大豆市场的影响

转基因大豆进入中国市场，对于农民、加工企业和消费者都产生一定的影响。

由于受到进口转基因大豆的冲击，最近几年以来，我国农民相继出现了卖大豆难、卖油菜籽难、卖花生难、卖葵花籽难等“多难”的现象。我国的大豆种植规模较小，即使土地资源丰富的黑龙江，专业农户的规模也只能达到150亩左右。相比之下，美国、巴西和阿根廷的大豆农场生产规模远远超过我国，大豆种植成本大大低于我国。据资料统计，我国大豆种植成本比美国高出33%左右。美国所种植大豆基本上是转基因大豆，大部分出口到中国，主要用于生产大豆色拉油，其次用于做豆浆、豆粉等。科学表明，国产大豆的出油率为16%～17%，而进口转基因大豆的出油率一般在20%～21%，相差2～3个百分点。大豆的出油率每差一个百分点，加工10万吨大豆，其效益就相差1 500万元。受此冲击，使中国的"金豆子"变成了"愁豆子"，这很大程度上影响了农民种植大豆的积极性，长此以往，必然会影响到我国国产大豆的产量，进而影响到我国大豆市场结构的布局。

转基因大豆进入我国以后，大部分进入了以外资为背景的食用植物油加工企业，加工成小包装的色拉油。这种油由于价格低廉，很能吸引中国一些消费者的眼球。而我国本土的一些食用植物油加工企业，例如黑龙江九三油脂有限公司、贵州长城油脂有限公司，以山东鲁花为代表的花生油加工企业，他们使用的是本土农民生产的非转基因大豆、油菜籽、花生，采用的是传统的压榨工艺，其油品具有安全、营养、健康的优势，但同时它们又具有成本高、价格贵的劣势。在这种情况下，转基因油品便千方百计把持舆论，模糊转基因的危害，改变转基因食品的劣势状态。由于我国对转基因大豆的警惕性不高，有针对性的宣传不够，导致国内食用植物油制造企业的经营举步维艰（牛三妹，2012）。

国内外相关研究得出：不同国家和地区的消费者对转基因食品的态度差别较大，消费者的接受程度在发达国家（除北美外）一般比发展中国家低；而欧洲和日本的消费者对转基因食品的接受程度最低。根据George Gaskell（1990）等（1990）对欧洲十几个国家的研究，结果表明，欧洲消费者对转基因食品的接受程度仅在40%左右。日本消费者对转基因食品的接受程度只有20%。然而，墨西哥、菲律宾、中国等发展中国家的消费者对转基因食品的接受程度较高。据FAO在2000年的一次调查结果表明，有83%的中国消费者表示愿意购买改善营养的转基因食品，是当时所调查的10个国家中接受程度最高的，而德国和英国消费者的接受程度比例分别只有48%和46%。转基因大豆进入我国，势必会影响到国人对大豆油的食用的选择，这也会影响到大豆市场的下游格局。

2.3.3　转基因大豆种植在中国的前景

到目前为止，我国农业部已经批准的用于商业种植的转基因作物仅有棉花和番木瓜，转基因大豆在中国是不能种植的。国内使用的转基因大豆全部来自于进口：经国家农业转基因生物安全委员会评审，已先后批准了转基因棉花、转基因大豆、转基因玉米、转基因油菜 4 种作物的进口安全证书。进口转基因大豆、转基因玉米、转基因油菜的用途仅限于加工原料，即不得在国内种植。现阶段，不管是作为全国大豆主要生产基地的东北地区，还是其他大豆主产区，种植的都是非转基因大豆。

那么，中国是否具备转基因大豆的生产条件呢？未来推广趋势如何呢？笔者认为：

首先，中国的资源环境不适于大规模种植转基因大豆。中国土地资源不足，生产规模小，生产集约化程度低，而且具有 5 000 多年的栽培历史和熟练的栽培管理技术，保持着精耕细作优良传统。中国资源环境特点表明，中国生产转基因大豆的成本将高于其他生产国，而不具有国际竞争力。

其次，中国已经进口了大量的转基因大豆，这个事实也表明了中国大规模生产转基因大豆会存在很大的市场压力。根据各大豆生产国的转基因大豆的种植率，可以估算中国进口转基因大豆的最低数量和最低份额。在 2010 年进口转基因大豆的最低数量为 5 337.497 万吨，占总进口量的 97%（中国从美国、阿根廷和巴西进口的大豆基本上都是转基因大豆）。如果在中国大面积生产转基因大豆，将面临进口转基因大豆的巨大竞争压力。

再次，中国的大豆消费特点不适于大规模采用转基因大豆。中国大豆的品质特点是蛋白质含量高，脂肪含量低，适合直接食用。我国大豆直接食用在大豆消费结构中占有很高份额。1996 年之前，直接食用份额超过了 40%，1996 年以后虽然有下降，还仍然超过 10%。转基因大豆的推荐用途为用于饲料，或者分离蛋白、膳食纤维和豆油。美国、阿根廷和巴西大豆蛋白质含量较低，脂肪含量较高，90%以上的大豆是经压榨加工后再消费。我国素有直接食用大豆的消费习惯，特别是农村地区，大豆是食用蛋白的重要来源。因此转基因大豆的大面积种植势必会给中国消费者带来安全的担忧。

最后，中国的消费者不欢迎转基因食品。在非转基因与转基因食品之间，只有当转基因食品的价格均低于 28.55%，消费者才愿意购买转基因食品（侯守礼，2004）。在转基因豆油与非转基因豆油之间，网民选择购买转基因豆油比例为 5%，非转基因豆油的比例占 83%，两者都可以的比例为 12%（郭于华，2005）。有资料显示，当转基因食品加贴标签后，美国消费者的购买意愿下降，在平均情况下，美国消费者都愿意支付高 17%～21%价格去购买非转基因食品（Abebayehu Tegene，2005）。而中国本来的消费观念更加会导致中国消费者偏好非转基因大豆。

综上所述，整体来看，中国并不适合大规模生产转基因大豆，目前我国大豆还是非转基因品种，这是中国大豆及其加工产品在国际竞争中的先期性优势所在。应充分利用中国非转基因大豆这一优势，开拓国际市场。以中国大豆主产区黑龙江省为例，非转基因为提高黑龙江省大豆的国际竞争力提供了难得的历史机遇。中国应在增加国内有效供给和理顺流通渠道的基础上，适度进口大豆，积极发展大豆加工业，特别是深加工业，扶植龙头企业，并积极扩大出口，使中国成为世界大豆的生产、加工和出口的中心。但是从长远来看，我们还必须从源头做起，尤其是要大力加强大豆转基因生物技术的研发实力，早日创造出产权属于我国自己的、具有中国特色的、安全的转基因大豆，同时大豆产业链条的其他环节也不可忽略，我们不能总是重复生产低级的大豆产品，必须使得大豆产业升级换代，从生产、加工、流通和贸易等多方面提升中国在国际市场上的竞争力。

2.4 本章小结

(1)1990 年以来，世界大豆的产量在稳步上涨，主要种植国家是美国、巴西、阿根廷、中国和印度。美国的大豆产量稳居世界第一，1990 年将近世界的一半，2014 年比重有所降低，占比 35%。我国大豆种植面积一直居于世界第四位，2006 年之后印度一跃而上，超过了我国，2004 年之后我国大豆的种植面积和产量都呈下降趋势，到2014年我国大豆产量占世界的4%，面积占比为6%左右。

(2)黑龙江无论是大豆产量还是大豆种植面积一直位居我国第一位，远远超过其他省份，有着绝对的生产优势。2014年黑龙江的产量为460.4万吨，所占比例为39%，面积占比也是39%。2004年以来，黑龙江大豆总的生产成本不断攀升，其中土地成本所占比例越来越大。2014年大豆产量居于第二的是安徽，约为黑龙江产量的1/4。其他主要省份还包括内蒙古、河南、四川和江苏等地。

(3)2001—2014年间，我国大豆的出口量先上升，2008年以后下降幅度很大，2014年出口量约为20万吨；但我国大豆的进口量2001年以来一路攀升，2001年进口量1 300万吨左右，2014年已经高达7 000万吨，平均每年上涨460万吨。大豆一直处于净进口状态。美国、巴西和阿根廷一直是我国大豆的主要进口来源国，我国95%左右的大豆都是从这三个国家进口。2013年以前美国一直是我国大豆第一大进口来源国，2013年之后，巴西超越美国成为我国大豆进口第一大国，进口量接近50%。

(4)根据中国海关数据库的信息来看，我国大豆的出口均价2001年以来一直高于我国大豆的进口均价，2014年差值达400美元/吨。我国大豆的批发价格也比进口大豆的价格要高，2008年以来，平均差值在1～2元/斤。

(5)转基因作物的种植是从1996年开始的，1999年之前转基因作物基本上都是在发达国家种植，1999年后发展中国家的转基因作物种植面积开始快速增长，而发达国家转基因作物面积增速开始减缓，最终在2011年发展中国家转基因作物面积赶超了发达国家。种植转基因作物的国家主要分布在南北美洲、中国、南亚、澳大利亚和欧洲、非洲的个别国家，2015年美国是全球第一大转基因作物种植国家，种植面积达7 090万公顷，其次是巴西和阿根廷，主要转基因作物是大豆、玉米和棉花，其中大豆占主要部分。总体来看，转基因作物虽然涉及较广，但种植范围较广的品种不多，主要包含大豆、玉米和棉花。

第 3 章　中国大豆加工业市场分析

3.1　世界主要国家大豆加工业产能分析

大豆加工产业是指企业收购大豆(包括国产大豆和进口大豆),并利用其主要成分进行蛋白质加工及油料加工。本章重点分析食用植物油料加工业,即豆油压榨环节。

美国农业部 2016 年公布的世界大豆供需平衡和豆油、豆粕主产国产量报告显示,2015/2016 年度世界大豆压榨量为 27 933 万吨,同比增长 6.1%;世界豆油总产量为 5 222 万吨,同比增长 6.4%;其中,世界各主要大豆加工国 2015/2016 年度大豆压榨量、豆油产量见表 3-1。

由表 3-1 可知,中国的大豆加工能力在世界主要大豆加工国中名列前茅,无论是压榨量还是豆油产量均远高出其他国家,2015/2016 年度我国的大豆压榨量达到了 8 180 万吨,比排名第二的阿根廷高出了 40.55%;豆油的年产量也仅有我国突破了 1 000 万吨,达到了 1 466 万吨。且在巴西、阿根廷的大豆压榨量和豆油产量出现负增长,美国低速增长的情况下,我国仍能保持 9.8%的高速增长。由此可见,中国大豆加工能力在世界的重要地位。

表 3-1 世界主要大豆加工国 2015/2016 年度生产情况

主要加工国	大豆压榨量		豆油产量	
	数量(万吨)	同比增长(%)	数量(万吨)	同比增长(%)
美国	5 144	0.9	999	2.9
巴西	4 000	−7.7	768	−0.8
阿根廷	5 820	−7.8	821	−6.6
中国	8 180	9.8	1 466	9.8

数据来源:联合国粮农组织(FAO)。

3.2 中国大豆加工企业市场格局的变化

3.2.1 外资进入我国大豆加工产业

3.2.1.1 我国食用植物油供给长期不足

中国食用植物油供给不足问题由来已久,在农业以粮为纲的计划经济年代,油料生产与其他非粮食作物一样让位于粮食生产。1978 年全国食用植物油总供给量只有 177 万吨,人均食用植物油消费量只有 1.6 千克,城市居民食用植物油凭票供应。随着改革开放后中国经济的高速增长和人民生活水平的迅速提高,2014 年城乡居民人均食用植物油消费量上升至 11.2 千克(中国统计年鉴,2015),是改革开放初期的 7 倍。然而同期我国的食用植物油产量仅有 2 358.7 万吨(美国农业部网站),折合成人均仅 5.77 千克,也就是说,我国食用植物油的生产仅能满足国内需求的一半,虽然随着经济的发展,人民生活水平普遍得到了提高,但食用植物油供不应求的问题依然未能得到解决。

如此悬殊的食用植物油供求状况,必然形成巨大的市场空间和可观的利润潜力。要满足中国食用植物油的需求,基本选择只有两个:①进口油料或者油脂,以及这两种实物进口形式的任何组合;②控制油料油脂进口、扩大国内油料生产。但是后一方案面临着中国农业资源限制和经济高速发展过程中农业比较利益低的棘手现实问题。如果不能扩大国产油料供给,严控油脂或油料进口就会形成巨大的国内外差价,使得国内油脂行业产生暴利,从而损害了国内消费者利益,也不利于畜牧业、食品业等下游产业的发展,并且极有可能导致油脂走私和国内物价水平上涨。因此,进口食用植物油料或者油脂就成为满足人民需求和保证下游产业发展的无奈选择。另一方面,中国食用植物油的长期供给不足形成了巨大的市场和利润空间,这些对外资进入中国食用植物油产业产生了极大的吸引力。正因为如此,外资首先以贸易方式起步进入中国食用植物油产业。

3.2.1.2 大豆市场开放为外资进入提供契机

虽然中国食用植物油供给不足问题长期存在,但是在 1989 年以前中国一直实行抑制国内消费、减少油料出口的政策,1986 年中国的油料油脂(SITC 编码为 4 的各类油料油脂商品)的进口额为 2.1 亿美元,出口额约为 1 亿美元,贸易逆差达到了 1.07 亿美元,自当年起变为油料油脂的净进口国。进入 20 世纪 90 年代后,中国加快了对外开放的步伐,大规模引进外资,尤其是提供了大量优惠的甚至超国民待遇的措施来吸引海外投资。而这些优惠措施在一定程度上使得本国企业处于不利的竞争地位,为外资进入中国提供了良机。

2001 年底中国加入了 WTO,各方面有利条件大大方便和鼓励了外资的进入。中国"入世"时在油籽和植物油进口上承诺实行不同的管理方式,其中在入世议定书上正式承诺对大豆和豆粕进口实行单一化关税管理,大豆进口关税仅为 3%,在 2002—2005 年过渡期对食用植物油进口实行配额管理,配额内关税只有 9%,逐年扩大进口配额和非国有企业配额,2006 年 1 月 1 日起依约取消食用植物油关税配额,改为单一关税管理。口岸门槛的大幅度降低对外资进入中国油脂加工业起到了巨大的刺激作用。

3.2.1.3 外资全面进入中国大豆产业

1.外资进入的途径

在众多的国际粮商中,以美国 ADM(Archer Daniels Midland)、美国邦基(Bunge)、美国嘉吉(Cargill)和法国路易达孚(Louis Dreyfus)最为有名,人们习惯根据它们名称的第一个字母,将其称之为"ABCD"四大粮商。

在全球的价值传递中,它们惯常的手法是,将控制的大豆低价卖给旗下的贸易公司,而这些贸易公司的注册地一般在太平洋的英属维尔京群岛、新加坡等地，之后再高价卖给中国的企业，将生产与加工环节的利润转移到贸易环节。这样一来，跨国粮商一方面将生产利润进行转移，规避了大豆出口国的税；另一方面将加工利润也进行了转移，规避了进口国——中国的税。因此，表面上看起来，外资榨油企业压榨利润不高，实际上是这些跨国粮商通过其全球产业链，将利润进行了转移以实现避税。

总体上说，外资进入食用植物油脂产业经历了从贸易进入到加工进入两个明显的发展阶段。2004年以前，外资进入以贸易方式为主，即以对华出口食用植物油料或者油脂为主，如美国嘉吉公司从1972年尼克松总统访华后就开始进行对华贸易；邦基公司1998年在中国设立贸易代表处；只有益海嘉里于1989年就开始在深圳建厂进入食用植物油加工业，其他主要外资在中国食用植物油料油脂领域基本上充当贸易商的角色。

2004年，美国大豆期货市场投机者预期到中国大豆采购团在现货市场的大量购买，使国际期货市场大豆价格先涨后跌，导致当时集中高价采购800多万吨美国大豆的中国大豆加工企业由原先的赢利变为全行业亏损，造成了所谓的“大豆危机”。与此同时，四大粮商抓住此次大豆危机的机会，大力收购中国大中型大豆压榨企业，逐渐垄断了中国的大豆压榨业，导致中国的大豆乃至食用植物油市场格局重新建立。自此，外资压榨企业控制了进口大豆的购买，以四大粮商为首的跨国粮商控制了中国的大豆压榨能力后，形成了原料在国外、加工在中国的布局。但是，四大粮商并购中国的大豆企业不仅是为了获取加工利润这么简单，而是将中国市场纳入其全球战略布局中的一环。以四大粮商为首的国际粮商早已控制了南美大豆和美国大豆产业链，控制着全球70%以上的大豆货源，掌控了全球大豆贸易。再加上世界大豆定价权由芝加哥商品交易所(CBOT)垄断，中国作为世界最大的大豆进口国，由于没有定价权处处被动。

2.外资企业的现状

2004年起美国邦基就在中国设立了大豆加工厂，2009年已是中国最主要的大豆和油籽供应商。ADM虽进入中国较晚，但发展较为迅速，与新加坡丰益控股共同投资组建的益海集团是ADM在中国扩张的旗舰。2006年，丰益控股旗下新加坡上市子公司丰益国际有限公司(Wilmar International Limited)

并购益海集团，ADM 通过换股由益海集团的股东成为丰益国际的股东。目前丰益国际在国内直接控股的工厂和贸易公司已超过 30 家，参股“鲁花”等国内著名粮油品牌，堪称全国最大的粮油加工集团。除粮油业务外，丰益国际还全面进军小麦、稻谷、棉籽、芝麻、大豆浓缩蛋白等粮油精深加工项目，并先后投资控股和参股铁路物流、收储基地、船务等辅助公司。2006 年以后，我国最大的大豆压榨集团——益海粮油公司和我国最大的精炼及小包装油生产销售集团——嘉里粮油合并，形成益海嘉里。益海嘉里是集粮油加工及贸易、油脂化工、仓储物流、粮油科技研发等工贸业务为一体的多元化外资企业。截至目前，益海嘉里在我国的总投资已超过 300 亿元人民币，在全国 23 个省、自治区、直辖市，建立生产基地共计 58 个，生产型实体企业 130 多家，主要涉足油籽压榨、食用植物油精炼、专用油脂、油脂化工、玉米深加工、大豆精深加工、水稻循环经济、小麦深加工、食品饮料、粮油科技研发等产业，是现阶段我国市场份额占有率最高的粮油企业。

截至 2009 年年底，外资已经成为中国食用植物油加工领域的重要力量，尤其是凭借其牢固的食用植物油料供给掌控、雄厚的集团实力和丰富的国际市场运作经验，四大国际粮商承受的市场压力和风险远远小于普通的食用植物油加工企业，而其抗风险能力却远远大于普通食用植物油加工企业，在中国食用植物油加工领域占尽竞争优势。第一，外资产能较大。2015 年我国主要外资企业的压榨产能占国内总产能的 24%，其中益海嘉里产能居全国第一，达到 14%。第二，对市场价格变化有重要影响力。中国进口大豆有 80%通过“ABCD”四大国际粮商进行采购。第三，外资产品市场占有率高。目前占据国内食用植物油市场份额之首的是外资企业，且其市场份额远高于民营和国有企业。2013 年益海嘉里集团的市场份额达到 14%，而排名第二的中粮集团仅为 8.6%，益海嘉里集团的市场份额优势明显。

3.2.1.4　我国大豆加工企业三足鼎立

2001 年以后，我国大豆市场大门被彻底打开，大豆加工行业处在高度竞争的环境中。国有控股企业数量在下降，民营企业数量保持稳定增长，外资企业数量有所增加(杨树果，2014)。就 2014 年的统计数据来看(图 3-1)，国有企业占19%,民营企业占32%,外商独资占17%,而中外合资约32%(大多为国内控股)(中国食用植物油产业报告,2015年)。经过多年的发展,国内大豆加工企业的弱势局面在一定程度上得到了遏制,并且随着民营企业的壮大,国企、外资、民企三足鼎立格局短期已经难以撼动。

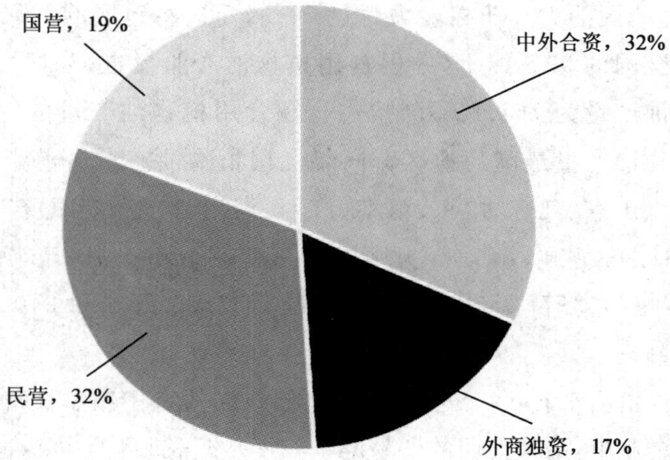

图3-1　2014年我国大豆压榨企业性质构成

数据来源:2015年中国食用植物油产业报告。

3.2.2　国内大豆加工企业生产布局

3.2.2.1　大豆加工企业生产基地的转移

由于20世纪90年代中期以前我国食用植物油加工以国内油料为主,因此加工企业多分布在油料主产区。90年代初,东北地区既是我国的大豆主产区,也是大豆尤其是豆油的主要加工区,仅黑龙江、吉林和辽宁三省的豆油产量就达35万吨左右,占全国豆油总产量的50%以上(杨树果,2014)。除此之外,华北及黄淮地区也是豆油的主要产区。90年代中期以后,东北地区油脂加工逐渐衰落,大豆油产量所占比例也不断减少,而华东地区由于新建一批大豆压榨厂,并陆续形成生产能力,加工所用大豆原料及豆油产量都明显增长,豆油产量在全国豆油总产量中所占的比重也逐渐增大,国内的大豆加工企业生产基地开始逐步转移。

近年来,国内大豆加工企业的整体格局较90年代发生了很大的变化:目前我国大豆压榨企业主要分布于东北和沿海地区。沿海地区大豆压榨能力经过快速扩张,华北、华东和华南沿海各省的油厂日压榨大豆能力已突破27万吨,沿海地区的大豆压榨能力超过70%,而这些地区的油厂近几年的压榨量已经占全国的90%以上(中国食用植物油产业报告,2015)。2015年天津食用植物油产量为761.93万吨,占全国食用植物油产量的11.3%,成为全国食用植物油产量最高的地区。同年食用植物油产量居前十的省市分别是天津、湖北、山东、江苏、广东、河南、广西、湖南、黑龙江和辽宁。各省市产量依次是761.93万吨、745.33万吨、694.17万吨、603.16万吨、512.80万吨、436.19万吨、333.77万吨、319.66万吨、253.50万吨和240.79万吨(国家统计局网站)。

从企业角度来看,生产基地转移比较凸显的有中粮集团和九三油脂。在国有油脂企业中,中粮集团的贸易链正在逐步延长,目前中粮集团已进入大部分品种的油料压榨领域。中粮的大豆加工基地正在逐步转移,包括黄海粮油工业(山东)有限公司4 000吨/天大豆榨油项目、中粮佳悦(天津)有限公司4 000吨/天大豆榨油项目、中粮油脂(钦州)有限公司4 000吨/天大豆榨油项目、中粮粮油工业(九江)有限公司1 000吨/天油菜籽榨油项目、东海粮油工业(张家港)有限公司1 000吨/天精炼项目、中粮粮油工业(九江)有限公司600吨/天精炼项目。2004年以前,九三集团油脂加工主要分布于黑龙江省,以压榨国产大豆为主。2004—2007年,公司根据战略需要,分别在大连、天津、广西建成3个年加工150万吨的工厂。经过近几年的快速发展,已经拥有黑龙江九三、北安、宝泉岭、哈尔滨大豆制品、惠康食品、北大荒豆制品、吉林长春、辽宁铁岭、大连、天津、四川成都、广西惠禹、香港等13个生产子公司,以及美国芝加哥、巴西圣保罗等海外经贸公司。九三集团年加工大豆总能力1 200万吨,销售收入超过450亿元,进出口贸易总额超过60亿美元,是集贸、工、农于一体的大型大豆经营加工企业集团。九三集团以大豆加工为主营业务,目前,企业大豆加工总量位居全国第一,油脂加工总量位居全国第三,从近几年九三集团进口大豆加工量和国产大豆加工量的对比上分析,九三集团加工重心已经转向进口大豆，沿海油厂在集团中业务比重明显上升，黑龙江地区油厂业务比重趋于下降。

3.2.2.2 大豆加工产能及其开工率

2009年我国大豆压榨行业设计产能为0.94亿吨/年，2010年设计产能超过1亿吨/年，2012年，大豆压榨设计产能已达到1.39亿吨/年（中国农产品加工年鉴，2013），到2014年大豆压榨产能已达到1.44亿吨。据天下粮仓调查统计，2015年度总产能达到1.48亿吨，较2014年的1.44亿吨，增长3.1%。2016年产能将继续扩大，预计进一步提高至1.60亿吨左右，增幅8.11%。其中，盘锦将新增两家工厂，一家日产能4 000吨，一家日产能6 000吨，沧州黄骅新增一家日产能4 000吨，泰州新增一家日产能6 000吨，江苏扬中新增一家日产能5 000吨，防城港新增一家日产能3 000吨，北海新增一家日产能4 000吨，四川新增两家，2016年日产能将新增37 000吨（中国食用植物油网，2016）。

从产能分布的区域来看，山东、广东、江苏、辽宁、广西、黑龙江六省、自治区设计大豆压榨能力居前列。但就开工率和效率而言，江苏、广西、广东最好，辽宁、山东其次。其中，黑龙江压榨企业100%使用国产大豆，开机率最低。吉林省按照国产、进口大豆比价选择使用，开机率近乎黑龙江。辽宁压榨企业因依靠大连港，主要采用进口大豆，因九三大连、九三铁岭、营口益海嘉里、锦州来宝经营情况较好，使得辽宁省压榨量在东北三省位居前列。山东产能最高，但产能闲置问题严重，近1/4产能闲置，主要原因是贸易融资企业产能100%闲置，中小企业居多，开机跟随利润而定，产能利用率较沿海低。江苏在益海嘉里连云港、益海嘉里泰州和中粮张家港东海的带领下，开机率和压榨率较高。中粮实际开机率要略低于81.08%，原因是未将中粮荆州、中粮九江、中粮巢湖三厂产能计入。广西近些年后来居上，大厂林立（中国农产品加工业年鉴，2013）。

3.2.3 大豆加工行业集中度

行业集中度是用来衡量一个产业中企业的相对规模和结构，它还可以描述产业中市场垄断和竞争的程度。行业集中度又称为行业集中率（concentration ratio,简称 CR)指一个行业内前几家最大企业占整个市场份额的比重,用来衡量企业的数目和相对规模的差异,通过这个数据可以反映整个市场的竞争和垄断程度,是对整个行业的市场势力的重要量化指标。常用的集中率包括 CR4、CR5 和 CR8 等,指测算一个行业中前 4、5 或 8 家最大企业所占整个行业的份额。由于价格波动较大,选取产量(或产能)作为衡量市场份额的指标,用当年企业产量与国内总产量的比值计算行业集中度。

2013 年主要食用植物油产品中,益海嘉里集团的市场份额占 14%,中粮集团为 8.6%,九三集团占到了 7%,然后是中纺集团和渤海集团旗下的产品。因此市场份额排名前 5 位的企业的产品,占据了我国国内市场份额的 42%(详见表 3-2)。以益海嘉里为代表的外资企业在 20 世纪 90 年代就已经进入中国市场,通过兼并国内企业、直接投资建加工厂、多元化销售战略三步走,逐渐控制了中国部分食用植物油市场(黎原亨,2014)。

表 3-2　2013 年国内食用植物油主要企业市场份额　　%

企业名称	市场份额
益海嘉里集团	14
中粮集团	8.6
九三集团	7
中纺集团	6.4
渤海集团	6.2
总计	42

数据来源:国家粮食局。

从大豆压榨企业的产能占比看,2015 年,我国大豆压榨企业产能占全国产能比重最高的是益海集团,达到了 14%,中粮集团和九三集团并列第二,占 9%,渤海、中储粮、中纺等其他民营和国有企业紧随其后;其他主要外资企业如邦基、嘉吉和路易达孚等占比相对较小,均在 4%及以下(图 3-2)。这说明,目前益海集团占据我国大豆压榨产能的领导地位,远高于国营和民营企业,但其他外资企业在产能方面并不具备竞争力。

从表 3-3 中看出,益海集团、中粮集团以及九三集团产能近 3 年均保持稳定。中纺、中储粮等国有企业产量有小幅增长,渤海和汇福作为民营企业,日

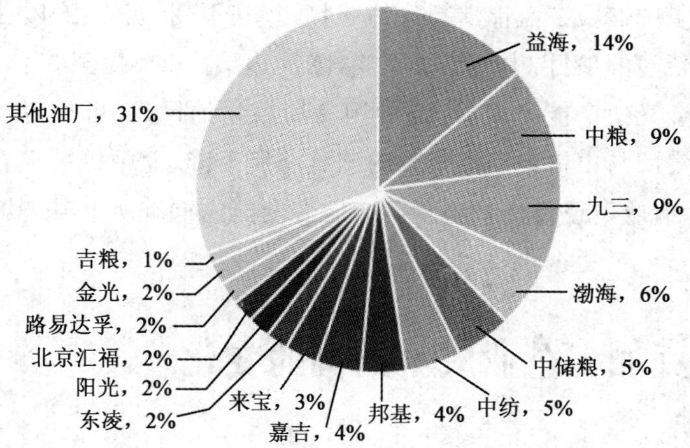

图 3-2　2015 年国内大豆压榨企业产能占比

数据来源：中国食用植物油网。

生产能力变化不大。但邦基、嘉吉以及路易达孚等产能较低的外资企业正在通过租用代工厂、新建或收购加工厂的方式，使日生产能力提高。

表 3-3　2013—2016 年各集团大豆压榨产能情况　　万吨/天

集团名称	2013 年	2014 年	2015 年	2016 年
益海嘉里	4.88	5.46	5.46	5.46
中粮集团	3.07	4.17	4.17	4.17
九三集团	2.7	3.1	3.1	3.1
邦基	1.75	1.75	1.75	2.05
嘉吉	1.56	1.56	1.56	1.96
路易达孚	0.5	0.9	0.9	1.3
中纺	1.93	1.68	1.68	1.73
中储粮	1.4	1.9	1.5	2.4
渤海	2.34	2.34	2.34	2.34
汇福	0.65	1.65	1.65	1.65

数据来源：根据中国食用植物油网数据整理而得。

对比 2015 和 2016 年的数据，从大豆压榨能力占全国产能的比重变化来看，益海集团降 1％，中粮降 1％，九三不变，渤海不变，中储粮由 5％提至 6％，主要是考虑了中储粮在盘锦港新建的项目;邦基不变,嘉吉由4%提至5%,主要是在黄骅新建的项目,中纺汇福不变,路易达孚由2%提至3%,主要是因为收购了天津金光使产能得以扩大(中国食用植物油网)。可见,传统的大豆压榨大户益海集团与中粮集团占全国的比重有所下降,而中储粮还在上升,路易达孚、嘉吉因有收购或投产新项目而产能占全国比重有所上升,其他基本保持稳定。

3.3 大豆加工企业成本结构的变化

3.3.1 进口原材料采购成本的不同

根据《中国农产品加工业年鉴》(2013)数据,2012年1—11月,我国大豆压榨行业大豆进口采购均价为593.3美元/吨(CIF,未加税),其中显著高于进口均价的企业有益海嘉里、嘉吉,显著低于进口均价的企业有中储粮、汇福、中纺、来宝、渤海。邦基全年从晨曦采购港口低价分销大豆,降低了原料采购成本,加之其采取基差定价的方式销售豆粕,使得行情下跌阶段企业销量不跌反升,双重效应叠加提升了开机率(中国农产品加工业年鉴,2013年)。由此可见,同样进口大豆,不同的加工企业原料成本有很大差异。同时,不同地域的油脂企业由于受其自身条件的限制,企业生产成本、销售、盈利情况也各不相同。沿海企业进口油料进厂接卸、产品出口费用低;产成品主销区的企业产品销售市场优势大、出货及时、运出费用低;原料主产区企业占据原料购进和原料运输优势。

3.3.2 国产大豆及进口大豆的差异

由于我国大豆供求缺口大,导致大豆进口依存度高,而我国进口的大豆主要来自美国、巴西以及阿根廷,绝大多数为转基因大豆。转基因大豆在我国的主要用途为压榨大豆油。总体来看,进口大豆和国产大豆在价格、交易方式、出油率等方面都有很大不同,导致国内大豆加工企业因使用不同的原料大豆而带来成本的巨大差异。国内多数大豆加工企业青睐进口大豆的原因如下：

首先，交通运输瓶颈使东北非转基因大豆失去价格优势。由于大型榨油厂一般都集中在我国南方沿海地区，生产规模都比较大，日处理量一般在1 200 吨以上，有的达到5 000 吨。因为企业吞吐量大，所以对交通运输的能力要求较高，一般的铁路公路运输不能保证企业的生产要求。即便是通过海运，我国的散装船也无法与远洋货轮的吨位相比。

其次，进口大豆厂家一般可以选择信用证交易方式，资金成本相对而言要低一些；而国内贸易经常遭遇买卖双方的商业信誉问题、三角债纠纷以及各种非交易成本，比做进口业务要大得多。因此，即使在同等价格条件下，考虑到质量差异和上述因素，南方厂家仍倾向于购买进口大豆(食品产业网)。

最后，国产大豆出油率较低。国产非转基因大豆出油率一般在15%左右，而进口的转基因大豆一般出油率在19%左右，关键是转基因大豆可以集约化种植，成本很低，非转基因的苗期除草很麻烦，因此种植成本高出很多，转基因大豆因此价格便宜。非转基因大豆一般亩产就160 千克左右，最高能达到260 千克。而转基因大豆一般亩产可达300 千克以上。因此，在我国放开种植转基因大豆，不出十年，就基本上会将非转基因大豆彻底淘汰掉。我们选择美国2014 年大豆作为转基因大豆的代表，黑龙江大豆代表非转基因大豆，对二者的品质进行比较研究。2014 年美国转基因大豆的蛋白含量为34.5%，含油量达到18.7%，而我国黑龙江大豆的蛋白含量高出美国转基因大豆6.5 个百分点，达到41%，而含油量为17%，低于美国转基因大豆(详见表3-3)。当出油率相差1 个百分点时，每加工100 万吨大豆的出油量就相差1 万吨，国产大豆与转基因大豆在榨油的竞争中处于劣势。

表3-4　中国、美国大豆作物品质比较　　%

产地	蛋白质含量	油含量	赖氨酸	5 种必需氨基酸占18 种氨基酸的比重
美国大豆	34.5	18.7	6.7	14.6
黑龙江大豆	41	17	—	—

数据来源：美国大豆品质2014 年度报告，黑龙江大豆品质数据来自新华网。

3.4 大豆加工业的主要问题

3.4.1 加工企业利润空间缩水

在任何商业企业的发展中,利润都是经济行为的核心因素,粮油加工企业亦是如此。2011年开始,我国食用植物油市场开始出现产能过剩的现象,大豆加工企业为了抢占市场份额、减少产能过剩带来的损失,各地价格战异常激烈,大豆油降价的牌子随处可见。在益海嘉里、中粮集团旗下的产品降价之后,国内大豆加工企业的产业利润持续缩水。其中,中粮旗下实际运营福临门品牌的食品,其年度利润从2008年的0.05亿港元的盈利,到2014年变成亏损0.3亿港元(中国食用植物油产业报告,2015)。在如此大形势下,国内大豆加工企业在大量产能过剩的现实中惨淡经营。

3.4.2 大豆压榨产能过剩

虽然2008年国家发展和改革委员会发布了《关于大豆加工业健康发展的指导意见》,提出严格控制大豆压榨项目的盲目投资和低水平重复建设,把产能控制在合理规模范围之内,政府希望到2010年,大豆油脂加工能力控制在7 500万吨/年;到2012年,这一数字控制在6 500万吨/年,但目前来看,均没有实现。经过2008年的集中改建过程,2009年,3 000吨/天以上的油厂已占54%。我国虽然完成了技术换代,加工能力得到了显著提高,但是产能过剩成了行业不可避免的特征。据统计,我国规模以上的油厂大豆压榨总产能达279 250吨/天,其中黑龙江地区5 320吨/天,沿海地区226 000吨/天。若年压榨时间按300期计算,沿海地区就可以压榨6 780万吨,这些大豆全部交由沿海地区压榨,沿海油厂的产能也仅61.9%(中国农产品加工年鉴,2013)。虽然在2009年产能过剩再次被提及,2015年农业部也再度提示,对于油料加工压榨项目需谨慎上马,但央企、外资企业、民营企业最近几年新上马的大豆压榨项目仍然有增无减,产能过剩局面进一步加剧。

3.4.3 加工基地转移导致产能分布不均

大豆压榨产业属于传统产业，其设厂的基本原则便是原料产地或消费地域。随着我国国产大豆产量的逐年降低，以及进口大豆冲击，使得我国大豆新增加工企业普遍集中在港口区域。在产能已经明显过剩的情况下，扩产、新增产能必须把控原料关口，于是港口地区大豆加工厂越来越多。大豆加工业存在严重的一港多厂、一地多厂现象，导致大豆压榨产能分布不均。目前我国大豆加工业基本形成了沿海进口大豆加工产业带和东北国产大豆加工产业群。尽管大豆加工行业整体产能利用率不断提高，但作为大豆加工主要产区的黑龙江省，2009—2012年，其大豆压榨能力位居全国第一，但大豆处理量却位屈全国第四甚至第五，大豆处理产能利用率平均仅为35%，远远低于全国平均水平(杨树果，2014)。

3.4.4 部分地区产业结构不合理

在黑龙江省，大豆油脂、豆腐和酱油加工企业众多，但缺乏大豆新型制品和大豆蛋白类制品的加工企业。黑龙江省生产的大豆蛋白含量丰富，适合蛋白类产品和大豆新型制品的加工，但是由于传统工艺及技术的限制，黑龙江省很多大豆加工企业仍然偏向对大豆油脂的加工。而与国外榨油率高、成本低的转基因大豆相比，我们的大豆油脂产业明显处于劣势。因此，黑龙江应积极向大豆蛋白类加工企业转型。另外，随着大众对转基因食品的质疑，越来越多的消费者倾向购买非转基因大豆产品，然而黑龙江省的大豆加工企业并没有突出产品的这一特点及优势，缺乏对新型大豆制品和非转基因大豆制品的市场拓展意识和市场营销能力，使消费者对产品的认知度不够，降低了本省大豆加工品的销售率。

3.4.5 进口大豆对国产大豆冲击大

外资企业的扩张和干预使得整个大豆压榨行业竞争加剧，进口大豆的低廉价格对国产大豆造成冲击。2014年黑龙江省大豆的收购价为2.09元/斤，而进口大豆均价为564美元/吨,折合人民币约1.69元/斤。以黑龙江省为例,多数大豆加工企业属于民企,一般没有权利采用进口大豆作为加工原料,因此在进行大豆油脂加工时,基本都是用本地生产的非转基因大豆作为原料。相反,外资企业或外资控股企业有权利用进口大豆进行油脂加工,进口大豆远低于国产大豆的价格使得这些企业获得了巨大的利润。据统计,加工非转基因大豆的企业每吨亏损200元左右。2000年以来,我国油脂加工业主要集中在油料主产区和沿海港口附近。沿海大豆加工业由于具有靠近口岸的便利条件,因此无须囤货,资金周转率高,相比之下,省内的大豆加工企业往往需要进行原料储备,因此资金周转率低,需要大量流动资金。这使得以黑龙江为主的东北地区油脂加工业逐渐衰落,加上政府的扶持政策和措施不到位,为了企业能顺利运作,黑龙江省内的一些大豆加工企业纷纷在南方沿海地区设立分厂,用加工低价进口大豆赚取的利润来弥补省内企业的亏损,另外有一些企业甚至直接将工厂搬到了沿海地区。在黑龙江省,90%的非转基因大豆加工厂已经因为亏损而停产,个别中小型企业已经破产,九三油脂等大企业也已经到沿海城市建厂加工。

3.5 本章小结

本章通过对比分析世界主要国家的大豆加工业的产能数据,发现我国的大豆压榨量和豆油产量都要高于世界其他国家,明确了大豆加工业在我国及世界的重要地位。随着改革开放步伐的加快,越来越多的外资加工企业进入我国,它们凭借充裕的资金和多年的生产经营经验,成为我国国有企业和民营企业强有力的竞争对手,加剧了国内食用植物油行业的竞争。然而,近些年来,随着民营企业逐步发展壮大,内资企业相对弱势的竞争地位得到改善,行业集中度和产能的数据充分说明,目前已经形成了外资企业、国有企业以及民营企业三足鼎立的局势。随着转基因大豆的问世,国内大豆加工业的成本结构也出现了变化,由于进口的转基因大豆与国产大豆相比存在出油率高、价格便宜等优势,越来越多的加工企业选择进口大豆作为生产的原材料。因此在生产布局上出现了大豆加工基地由大豆产地向沿海港口地区转移的趋势，以缩短工厂与原材料的距离，为生产提供便利条件。然而，上述现实导致了我国大豆加工企业不得不面对利润空间缩水、产能过剩、产能分布不均、部分地区产业结构不合理等一系列问题。

第4章　中国豆油零售市场分析

4.1　中国豆油市场供求及贸易

近年来，随着人们生活水平不断提高，我国居民对于食用植物油的需求不断增加，国内食用植物油产业发展迅速，与国际的各种植物油贸易日趋频繁。由图4-1可以看出，最近10年我国食用植物油加工企业数量大体呈现出上升的趋势，2014年企业数量略有回落，但食用植物油加工企业的年生产能力呈逐年上涨的趋势，其中2008年开始出现迅猛增长，直至2014年食用植物油产量达到2.4亿吨，之后增长速度有所放缓。随着食用植物油产业国际化的深入，我国食用植物油行业也面临越来越大的挑战。本章将在与市场上主要的食用植物油对比分析的基础上，重点分析中国豆油零售市场的现状。

4.1.1　中国豆油的生产情况

1.产量

目前，我国市场上销售的食用植物油种类主要包括豆油、菜籽油、棕榈油

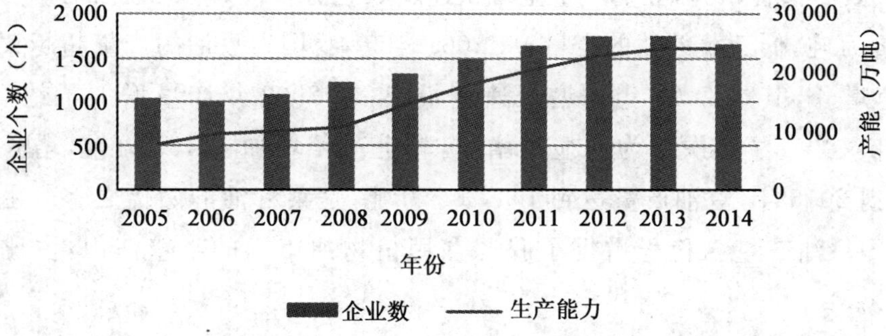

图 4-1　2005—2014 年我国食用植物油加工企业个数及产能情况

数据来源：国家粮食局网站

和葵花籽油，图 4-2 显示了 1994—2015 年我国各类食用植物油的产量情况。从图中可以明显看出，近 22 年来，我国豆油产量快速增长，菜籽油的产量稳中有升，棕榈油和葵花籽油的生产始终居于较低水平，没有明显变化。

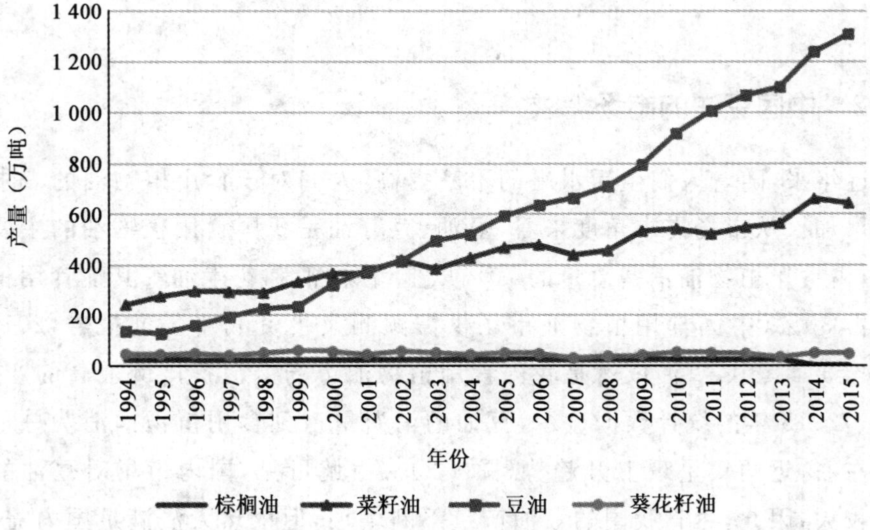

图 4-2　1994—2015 年我国各类食用植物油产量

数据来源：1994—2013 年数据来自来联合国粮农组织网站，

2014—2015 年数据来自美国农业部网站

从豆油来看，我国豆油产量呈现快速增长趋势，1994 年大豆油的产量仅为 133.68 万吨，低于菜籽油的产量；从 2001 年起，我国大豆油的产量超越菜籽油并快速增长，其中 2003 年的增长速度最快，较 2002 年产量增加了约 20%；2014 年又出现了一次较为明显的增长，较上一年增加了 135 万吨，增长率达 12%；到 2015 年，豆油产量达到了 1 305 万吨，是菜籽油的两倍之多。由此可见，我国豆油产量已稳稳占据了我国食用植物油市场的半壁江山，占比高达 54.51%。

2.生产成本

从食用植物油加工原材料的角度分析，大豆作为豆油的生产原材料，其生产成本较油菜籽、花生来说是最低的。我国国产大豆 2013 年的全国平均生产成本为 625.9 元/亩，而同期油菜籽的生产成本为 844.16 元/亩，花生的成本最高，每亩仅物质与服务费用就达到了 449.84 元，再加上 645.51 元的人工成本，花生的生产成本超过了 1 000 元/亩（全国农产品成本收益资料汇编，2014）。因此，低廉的生产成本是豆油与其他种类食用植物油相比又一竞争优势。

4.1.2 中国豆油的市场需求

近年来，随着人们生活水平的不断提高，人们对于食用植物油的需求量也在增加。从市场需求角度来看，豆油、菜籽油是我国食用植物油的主要消费品，占食用植物油消费总量的 70%以上，棕榈油和花生油等其他食用植物油约占 30%（中国食用植物油市场供需预测及投资战略咨询报告，2016—2022 年）。其中，豆油依然是我国食用植物油市场上消费比例最高的产品，2011—2015 年的统计数据显示，豆油的消费量占到食用植物油消费总量的 45%左右，近两年呈现上升趋势（图 4-3）。由此可见，国内市场对豆油的需求量较大，因此，尽管我国的豆油产量不断增加，但依然无法满足国内需求，需要依靠进口才能填补国内市场的缺口。如表 4-1 所示，2015/2016 年度国内豆油产量为 1 452 万吨，而国内总需求却高达 1 500 万吨，缺口为 48 万吨，随着我国大豆产量的增长，供求缺口虽有逐渐缩小的趋势，但是仍然不能满足国内需求，需要依靠贸易来调剂余缺。

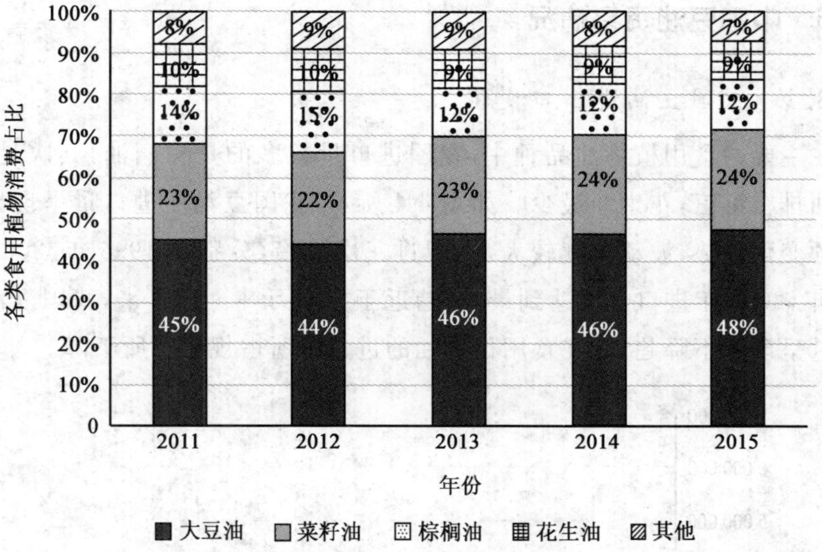

图 4-3　2011—2015 年中国各类食用植物油消费占比

数据来源：2016—2022 年中国食用植物油市场供需预测及投资战略咨询报告

表 4-1　近年国内豆油市场供需情况　　万吨

项目	2013/2014	2014/2015	2015/2016	2016/2017
压榨量	6 885	7 300	8 100	8 500
产量	1 234	1 305	1 452	1 523
进口量	135	105	80	70
上年库存	102	95	77	100
总供给	1 471	1 505	1 609	1 693
出口量	9	6	10	10
国内总需求	1 366	1 400	1 500	1 545
年底库存结余	96	99	99	138

资料来源：美国农业部网站。

4.1.3 中国豆油贸易情况

4.1.3.1 中国豆油进出口变化

在主要的食用植物油品种中,我国进口量最多的是棕榈油,其次是豆油,菜籽油排在第三,花生油最少。如图 4-4 所示,我国豆油的进口量呈现出了不规律的变化趋势,波动幅度较大,出现过三次波峰,分别在 1995 年、2004 年和 2007 年,2007 年进口规模达到最大,趋近于 300 万吨。近年来,我国豆油的进口数量呈现出下降趋势,在食用植物油的进口中所占规模有所下降。

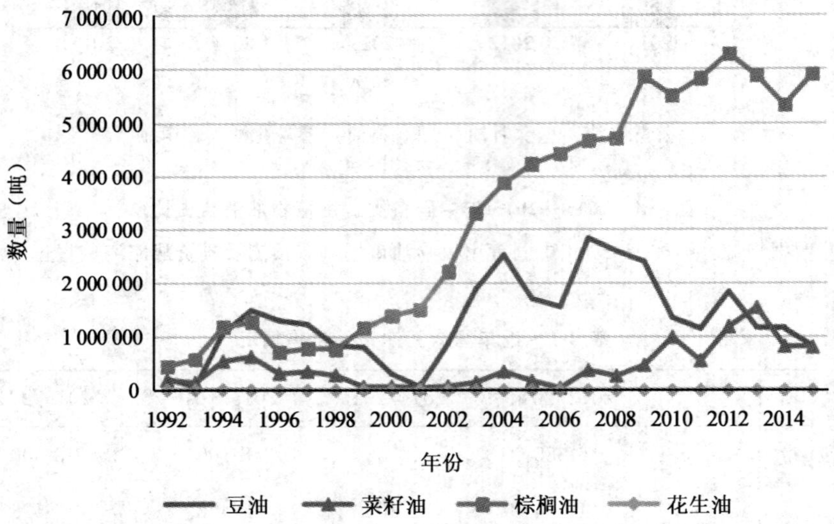

图 4-4 1992—2014 年主要食用植物油进口情况

数据来源:豆油、棕榈油、花生油进口数据来自 uncomtrade 数据库,

1992—2013 菜籽油数据来自联合国粮农组织数据库(FAO)2014—2015,

菜籽油数据来自美国农业部网站。

与进口相比,我国食用植物油的出口规模始终不大,从 uncomtrade 的统计数据来看,大豆油和棕榈油各有一次迅猛的增长,之后快速回落,花生油的出口量始终较低。在 1997 年,我国豆油的出口达到了 55.5 万吨,较 1996 年的 12.7 万吨增长了 337%,是近 24 年来豆油出口量的峰值,1998 年的出口量迅

速减少，随后几年的豆油出口量呈现出了波动的态势，最近3年稳定在10万吨左右(图4-5)。

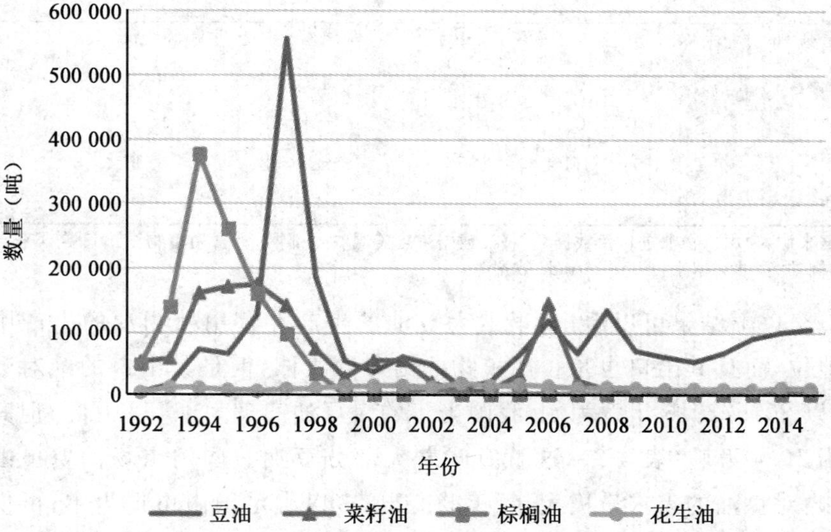

图4-5　1992—2014年主要食用植物油出口情况

数据来源：大豆油、棕榈油、花生油进口数据来自uncomtrade数据库；1992—2013菜籽油数据来自联合国粮农组织数据库(FAO)；2014—2015菜籽油数据来自美国农业部网站

2015年我国食用植物油市场主要进口产品是棕榈油、豆油和菜籽油，三者进口量合计占食用植物油进口总量的83.62%。其中，豆油进口81.8万吨，下降28.0%；进口额6.5亿美元，降幅40.9%。由此看来，豆油并不是我国食用植物油进口的主要产品，棕榈油是我国进口量最大的食用植物油，占食用植物油进口量的65.6%(表4-2)。

2015年我国主要出口的食用植物油产品中，豆油虽然仅有10.4万吨，却占出口总量的75.91%，比上年增长1.91%，出口额1.2亿美元，比上年减少5.7%，花生油、菜籽油等其他食用植物油的出口量均无法与之相提并论。

表 4-2　2015 年中国主要食用植物油品种进出口情况

产品	进口量（万吨）	出口量（万吨）	净进口量（万吨）	净进口量比上年增长（%）	占食用植物油进口比例（%）	占食用植物油出口比例（%）
食用植物油	898	13.7	884.3	14.28	100	100
棕榈油	589.6	0.2	589.4	10.73	65.6	1.46
菜籽油	80	0.5	79.5	－1.00	8.91	3.65
豆油	81.8	10.4	71.4	－31.08	9.11	75.91
花生油	0.2	0.9	－0.7	－108.33	0.02	6.57

数据来源：食用植物油进口量数据、菜籽油数据来自美国农业部网站，食用植物油出口数据来自农业部网站，棕榈油、豆油数据来自 uncomtrade 数据库。

综合以上结果可以看出，虽然大豆油的生产在食用植物油的生产中占据主导地位，而且其出口也是食用植物油出口的主体，但是其出口的绝对数量并不大，以 2015/2016 年度为例，我国当年的大豆油产量为 1 452 万吨，但其出口量仅为 10.4 万吨（表 4-2），这就意味着大部分豆油被国内市场消费。由此可见，国内对豆油的需求量极大，每年的产出，多以满足国内市场为主，可供出口的数量较少，豆油是我国居民食用植物油消费的主流产品。

4.1.3.2　中国豆油的贸易区域

1.进口来源地

2014 年，食用植物油进口较为集中，来源地按进口量大小依次为马来西亚、印度尼西亚、加拿大、阿根廷、巴西和乌克兰（图 4-6）。棕榈油主要从马来西亚、印度尼西亚进口。菜籽油主要从加拿大、阿拉伯和荷兰进口。豆油则主要从阿根廷、巴西和美国进口。阿根廷是我国最大的豆油进口来源国，2014 年进口量为 48 万吨，占我国豆油进口总量的 42.3%，较上年降低 23.8%；从巴西进口 46.8 万吨，同比增长 9.2%，占豆油进口总量的 41.2%；从美国进口 18.6 万吨，增长 91.7%，占比为 16.4%（表 4-3）。

2.主要出口市场

中国食用植物油出口量非常小，且出口市场比较分散，包括朝鲜、中国香港、马来西亚、新加坡和美国等地。豆油作为主要出口的植物油产品，出口市场集中在周边国家和地区，其中，朝鲜、中国香港和新加坡是主要市场，2014 年对其分别出口 8.3 万吨、1.2 万吨和 0.3 万吨，分别占出口总量的 83.1%、12.3%和 3.1%（中国农产品贸易发展报告，2015）。

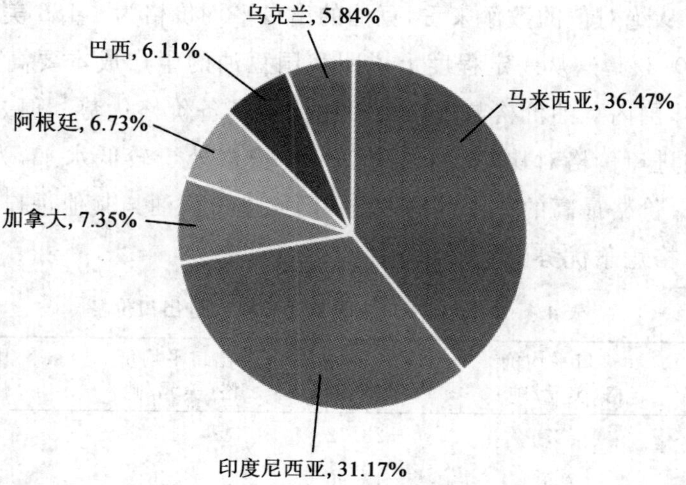

图 4-6　2014 年中国食用植物油进口来源地

资料来源：中国农产品贸易发展报告，2015

表 4-3　2014 年中国主要食用植物油品种进口来源地及占比　　%

棕榈油		豆油		菜籽油	
进口来源地	占进口总量比重	进口来源地	占进口总量比重	进口来源地	占进口总量比重
马来西亚	53.9	阿根廷	42.3	加拿大	71.5
印度尼西亚	46.1	巴西	41.2	阿拉伯联合酋长国	14.5
—	—	美国	16.4	荷兰	5
合计	99.9	合计	99.9	合计	91.0

资料来源：中国农产品贸易发展报告，2015。

4.2　中国豆油市场价格分析

4.2.1　豆油进出口价格变动

2015 年我国主要食用植物油的进出口数据显示（表 4-4），棕榈油和豆油的进口平均价格出现了下降的趋势，菜籽油和花生油的进口价格出现了不同程度的上涨。从绝对值的数额来看，豆油的出口平均价格为 1 186 美元/吨，高于进口价格 50.3％，这从一定程度上说明我国豆油的生产成本要高于国际市场的豆油成本，国内豆油价格与进口价格相比不具备价格优势。但是，与其他的食用植物油进口价格对比，豆油的进口平均价格处于较低水平，为 789 美元/吨，仅为进口价格最高的花生油的 60％，因此进口豆油与其他进口食用植物油相比具备价格竞争优势。

表 4-4　2015 年中国主要食用植物油进出口价格

产品	进口平均价格（美元/吨）	比上年增长（％）	出口平均价格（美元/吨）	比上年增长（％）
棕榈油	627	−23.72	847	−27.61
豆油	789	−17.90	1 186	−24.89
菜籽油	1 519	50.84	4 621	214.78
花生油	1 332	7.85	2 551	15.38

数据来源：根据 uncomtrade 数据计算得到，进口平均价格＝进口总额/进口数量，出口平均价格＝出口总额/出口数量。

从长期来看，豆油、棕榈油、菜籽油的价格都呈现出几乎相同的变动趋势。整体来说，在 1995 年 1 月到 2014 年 12 月期间，出现两次比较大的波动（详见图 4-7）。一次是在 2007 年 4 月到 2009 年 2 月，继 2006 年我国食用植物油价格大涨 40％后，2007 年各类食用植物油价格均创下历史最高，2008 年三种食用植物油价格迅速回落。另外一次是在 2010 年期间。2010 年食用植物油进口价格较上年大幅上涨，主要进口产品棕榈油、豆油和菜籽油进口平均价格涨幅在 18％～34％之间，其中棕榈油涨幅最高，达到 34％，豆油和菜籽油的涨幅约为 18％。主要出口产品豆油出口价格与上年基本持平，之后价格呈现出平稳下降的趋势。另外，豆油的进口价格始终居于三种食用植物油的中间位置。

出现上述价格变动，有如下影响因素：

第一，在 2008—2009 年，由于全球多数国家采取经济刺激措施，全球经济较金融危机刚爆发后的预期情况已有所改观，但是复苏依然处于较为谨慎的预期之中，因此全球宽松的货币政策在流动性方面依然给予商品价格一定支撑作用，也就出现了第一次大的食用植物油价格波动期，豆油价格也没能逃过此劫，出现了较大幅度的波动。

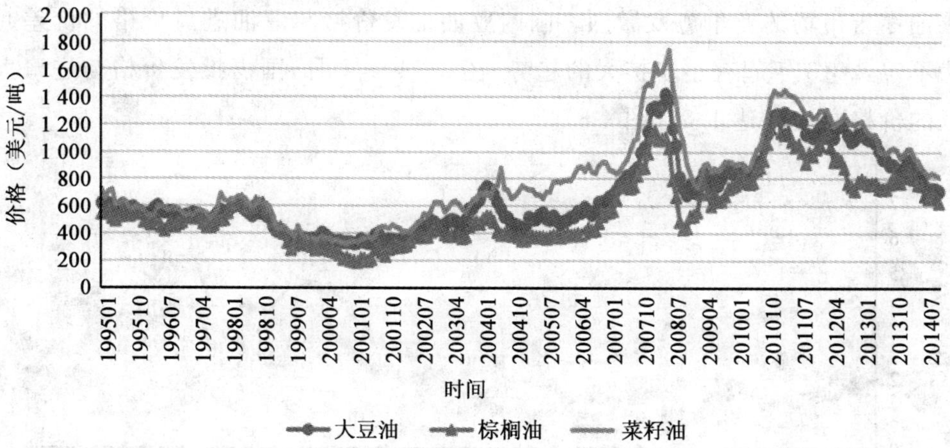

图 4-7　1995—2014 年主要食用植物油进口价格的变动趋势

资料来源：IMF 数据库。

第二，在 2010 年期间，市场预期美国大豆将出现丰收，但收获前出现的霜冻天气，使得国外大豆的价格处于大幅的波动之中。与此同时，国内持续地抛售储备大豆，在新豆即将上市前也压制了大豆的上涨空间，种种原因的相互影响之下，作为豆油原料的大豆，其价格正处于宽幅震荡区间之中。

第三，2010—2014 年期间，全球油料作物丰收，油料和植物油供需状况进一步转向宽松。由于油料存在较大的国内外价差，以大豆为例，由于进口大豆的生产成本远低于国产大豆，因此国内大豆加工企业扩大大豆的进口和压榨规模，国内豆油供给充沛，库存量处于高位，导致价格回落。

第四，大豆进口大幅增长替代部分食用植物油进口，引起食用植物油价格的波动。近年来，由于中国豆油和豆粕消费量持续增长，大豆进口大幅增长，2015 年进口大豆按出油率折成豆油约 1 500 万吨，使得国内豆油供应大幅增长，替代了部分豆油和棕榈油进口，进口大豆数量的大幅度增长，影响大豆的供给，进而影响豆油价格波动，作为其他食用植物油的替代品，豆油价格的影响也必然会影响到其他食用植物油的价格。

4.2.2　国内豆油批发价格与进口价格对比

总体来看，进口豆油的价格远远低于国内豆油批发的价格，这就使得国内豆油零售市场的竞争愈发激烈。国内豆油批发价格与豆油进口价格的价差起伏不定，2013 年起有逐步扩大的趋势，在 2014 年 7 月，国内批发价格与进口大豆的价格之比高达 1.85(图 4-8)。

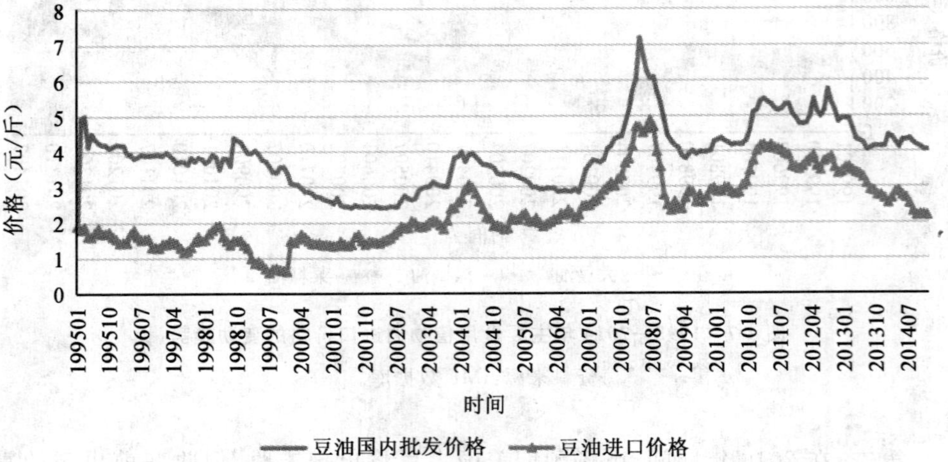

图 4-8　1995—2014 年我国豆油批发价格与进口价格变化趋势图

数据来源：国内大豆价格来自中国农业部信息中心的“全国农产品批发市场价格信息网”统计数据、大豆进口价格来自国际货币基金组织(IMF)网站。

从长期来看，1995 年 1 月起至 2014 年 12 月期间，国内豆油批发价格在 1995 年 3 月有一次突然的大幅度上涨，此后趋于缓慢回落，于 2002 年 8 月降至谷底。豆油的进口价格在 2000 年初时，发生了一次较大规模的下降，之后迅速回到原来的价格水平。从国内豆油批发价格和豆油进口价格对比来看，2001 年后二者呈现大致相同的走势，在 2008 年 3 月前后，豆油国内批发价格和进口价格均达到了近 20 年的峰值，国内批发价格超过了 7 元/斤，进口价格折算后逼近 5 元/斤；此后在 2011 年 3 月又出现一个价格的波峰；随后均呈现出平稳回落的态势(图 4-8)。

4.2.3　豆油与其他食用植物油价格对比

我国豆油之所以有大量的市场需求的一个主要原因是，相对于其他植物油来说，豆油的价格较为低廉，详见图 4-9。近一年来，我国的豆油批发价格基本稳定在 7 元/千克左右，仅为花生油价格的 1/3，比菜籽油价格也低了 30%左右。因此，同为食用植物油，豆油相比花生油和菜籽油等其他产品，在价格方面更具备竞争优势，是影响其国内需求量的重要因素。

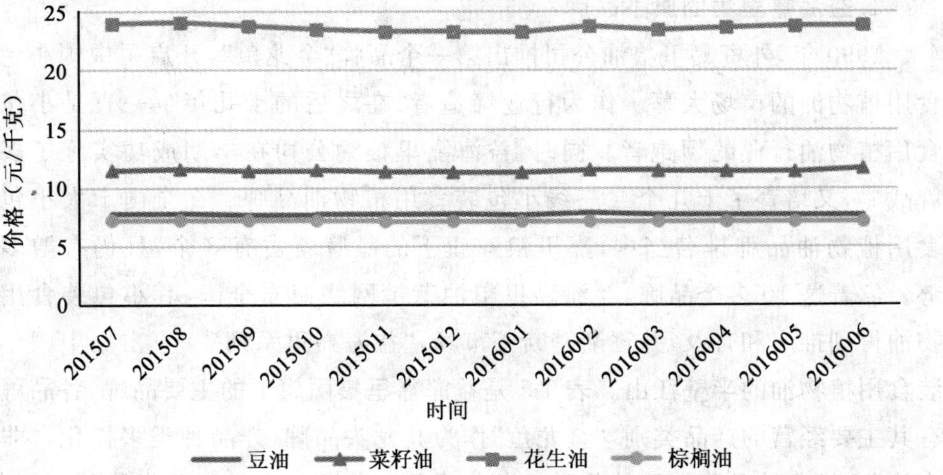

图 4-9　我国主要食用植物油价格

资料来源：中国农业信息网。

4.3　中国豆油市场营销环境分析

4.3.1　中国小包装食用植物油(豆油)品牌

现在食用植物油销售包括小包装食用植物油和散装食用植物油，豆油也不例外。就全国平均而言，小包装食用植物油的市场份额仅为 20%左右，散装油占据 80%以上(中国粮油信息网，2013)。尽管相对于散装油而言，小包装食用植物油市场份额仍较小，但小包装食用植物油企业的成长速度非常快，不仅在消费者中拥有相当高的品牌知名度，而且还有相当高的品牌美誉度和忠诚度。随着城乡居民，特别是大中城市居民生活水平的不断提高，在食用植物油消费趋势上，安全、卫生、健康、营养等新观念越来越突出，使得食用植物油的消费正由散装油向小包装油方向发展。如今对于我国绝大多数的城镇居民而言，购买小包装食用植物油已不再是一种奢侈的消费，散装油只是在餐饮、酒店及偏远农村地区和大量企事业单位食堂等尚保持一定优势。

目前，我国主要的小包装食用植物油(豆油)品牌如下：

1.益海嘉里集团旗下品牌

1990年，外资嘉里粮油公司推出第一个品牌“金龙鱼”，开启了中国小包装食用植物油的市场大幕。作为行业缔造者，在之后的十几年也一直是小包装食用植物油行业的领跑者。同时，益海嘉里粮油公司在早期成功实施了多品牌战略，又培育了十几个二三线小包装食用植物油品牌。在全国十大小包装食用植物油品牌排名当中，嘉里粮油旗下的品牌就占有3个，且仍有增多趋势。靠着这10多个品牌，益海嘉里粮油营销网络遍布全国，其小包装食用植物油得到推广和普及，并逐渐垄断了市场，“益海嘉里系列”一直占据中国小包装食用植物油的半壁江山。表4-5是益海嘉里集团旗下的主要品牌，各品牌都有其主要经营的产品类别，“金龙鱼”作为其龙头品牌，产品种类多样化，“非转家族”主推非转基因食用植物油，“胡姬花”主营花生油，“欧丽薇兰”和“鲤鱼”分别是橄榄油和菜籽油品牌，品牌分工明确。

表4-5 益海嘉里集团旗下主要食用植物油品牌和产品

品牌	主要产品
金龙鱼	黄金比例调和油、阳光葵花籽油、大豆油、外婆乡小榨菜籽油、菜籽油、谷维多稻米油、玉米油、植物甾醇玉米油、花生油、油茶籽油、橄榄调和油
非转家族	非转家族
胡姬花	古法小榨花生油、特香花生油
欧丽薇兰	特级初榨橄榄油、橄榄油
鲤鱼	菜籽油

资料来源：根据益海嘉里网站信息整理得到。

2.中粮集团旗下品牌

中粮集团有限公司(COFCO)前身是华北对外贸易公司，经过多年努力，已从起初的贸易公司发展成全国领先的集农产品、食品和其他多元化产品为一体的服务供应商。中粮粮油作为央企，其油籽加工业务涵盖了大豆油、棕榈油、菜籽油等。目前中粮集团旗下主要的食用油品牌是“福临门”，经营大豆油、菜籽油、葵花籽油等传统食用植物油，“安达露西”是中粮集团面向高端市场的品牌，主营橄榄油。相比益海嘉里，中粮集团旗下的品牌分类相对简单，不够细化。

3. 九三集团旗下品牌

九三集团是国家首批 151 家农业产业化重点龙头企业之一，以大豆加工为主营业务，目前，企业大豆加工总量位居全国第一，油脂加工总量位居全国第三。九三集团充分利用黑龙江地产非转基因大豆的优势，将产品细分，推出了多种类的大豆油。虽然也有花生油、菜籽油等其他种类的食用植物油面向市场，但与益海嘉里和中粮相比，并不具备竞争优势。

4. 民营企业品牌

打破益海嘉里寡头垄断的除了中粮集团旗下的福临门（应对金龙鱼），还有民营企业的鲁花（应对胡姬花）等小包装食用植物油品牌。山东鲁花集团是一家大型的民营企业，是中国目前最大的花生油专业生产企业，年生产能力达到 100 万吨，从品牌影响力、市场占有率及营销网络的建设来看，鲁花迅速晋升成为与金龙鱼、福临门齐名的中国小包装食用植物油市场的领导品牌。

4.3.2　我国食用植物油(豆油)品牌竞争

短短 10 年，小包装食用植物油市场上的大小品牌已有 1 000 多个，但从整个市场环境来看，已经呈现一定的寡头竞争态势，2006 年底，丰益国际以 27 亿美元合并嘉里粮油，由此把“金龙鱼”纳入了郭氏家族的一个更大国际舞台，使得其在国内市场中具备绝对的竞争优势。2013 年国家粮食局的统计数据显示，益海嘉里集团、中粮集团、九三集团、中纺集团、渤海集团等五大集团旗下的食用植物油品牌占领了 42.2％的市场份额，其余品牌份额极为分散。其中，益海嘉里集团的市场份额最大达到 14％，集团的领跑优势十分明显，中粮紧随其后，市场份额落后 5.4 个百分点。由此可见，中国小包装食用植物油市场的竞争主要表现为两大集团之间的博弈。由于益海嘉里粮油在早期成功实施了多品牌战略，因此品牌知名度和品牌家族的综合实力遥遥领先。比较而言，中粮集团品牌意识的觉醒要晚得多，为了与“金龙鱼”系列展开竞争，中粮推出了“福临门”品牌，经营大豆油、菜籽油、葵花籽油等传统食用植物油，“安达露西”作为橄榄油品牌对应“欧丽薇兰”。2014 年的调研据显示（图 4-10），消费者认可度最高的品牌依然是金龙鱼,其认可度达到74.36%。另有民营品牌“鲁花”作为后起之秀,正在逐步扩大其品牌知名度和影响力,以34.62%的认可度跻身消费者认可度前列。福临门作为国有粮油企业品牌,依然能够得到一定比例的消费者认可。由此可见,国内食用植物油品牌出现了百花齐放的态势,未来品牌小包装食用植物油市场发展前景良好,但行业内整体竞争态势也将更加激烈。

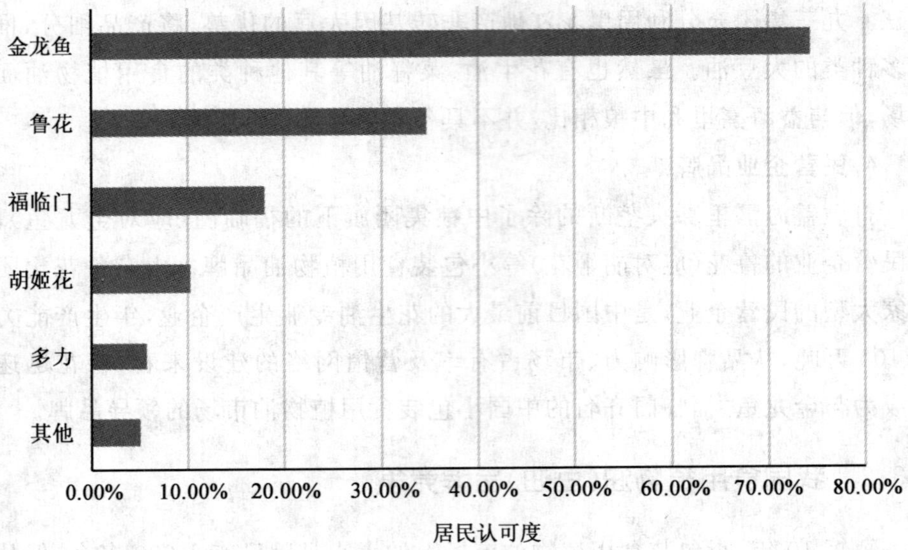

图4-10　2014年消费者认可度较高的食用植物油品牌

资料来源:中国食用植物油网

4.3.3　我国豆油营销渠道竞争

1.经销制

益海嘉里是采用经销制最成功的小包装食用植物油生产厂家,率先在食用植物油领域实施区域经销制,在一个市或一个区域建立一级独家经销商制度,公司只跟这一家签协议,取得资质的经销商在经销区域范围内,一年必须保持一定销量。由于在一个区域内只有一家经销商,这大大激发了经销商的积极性,一个高覆盖、高效率的销售网络迅速形成。截至目前,益海嘉里粮油的经销商数量已经超过600家。其中,一级网络遍布全国(含香港、澳门在内)

500 个大中小城市，二级网络几乎覆盖绝大多数县以上城市，沿海市场渠道细化到乡镇与村的销售网络。庞大而细致的营销网络，对我国其他的食用植物油生产企业造成了极大的销售的压力，目前，益海嘉里粮油拥有了中国最大的小包装食用植物油生产企业群及销量最大的品牌(宫平强，2012)。

2. 复合渠道模式

随着食用植物油竞争激烈化程度的加剧，九三集团小包装食用植物油也在逐步调整分销策略，在重点城市尝试性开展了直销和缩短渠道长度的策略，但渠道改进的程度不高。从整体上看设计了复合渠道模式(图 4-11)：

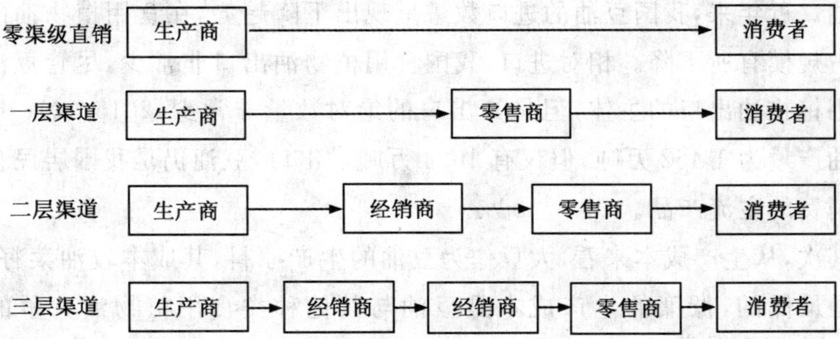

图 4-11　九三集团小包装食用植物油分销渠道模式图

根据对九三辽宁办事处的访谈了解到，九三集团食用植物油在全国市场根据市场情况的不同采用了不同的渠道模式，但以三级渠道结构的分销模式为九三集团食用植物油最为主要的分销模式(李闫，2013)。

3. 网络营销模式

随着互联网逐步深入人们生活的各个方面，食用植物油生产企业也纷纷将目光转向了互联网平台，希望借助先进的科技手段，拓宽其营销渠道。早在 2009 年，中粮就创建了“我买网”，在该网站销售中粮旗下各类产品，此举不仅方便了消费者，更使得中粮集团摆脱了对商场、超市的过度依赖。九三集团也与天猫合作在其官方网站建立了销售平台，益海嘉里集团的产品也出现在了各大网络购物平台，食用植物油企业间的互联网市场的争夺大战也愈加激烈。对消费者来说，在其官网上直接购买所需的产品，大大减少了传统营销渠道的中间环节，节约流通成本。

4.4 本章小结

本章主要结合我国主要的食用植物油产品，从产量、生产成本、价格、贸易以及营销环境等角度对我国豆油零售市场进行分析。

首先，从产量来看，近年来我国豆油产量呈现快速增长趋势，目前在食用植物油生产中占比高达54.51%，已稳稳占据了我国食用植物油市场的半壁江山。进口方面，我国进口量最多的食用植物油是棕榈油，其次是豆油，再次是菜籽油。近年来，我国豆油的进口数量呈现出下降趋势，在食用植物油的进口中所占规模有所下降。相对进口，我国食用植物油出口非常少，尽管豆油出口是食用植物油出口的主体，但是其出口的绝对数量非常少，2015/2016年度我国豆油产量为1 452万吨，但仅有10.4万吨供出口，豆油仍是我国居民食用植物油消费的主流产品。

其次，从生产成本来看，大豆作为豆油的生产原料，其成本较油菜籽、花生来说是最低的，低廉的生产成本是豆油与其他种类食用植物油竞争的一大优势。

最后，本章从品牌竞争及营销渠道的角度阐述了豆油零售市场的营销环境。研究表明，目前我国豆油市场依然是散装油占据主要的市场份额，但小包装油的市场前景广阔。从品牌上看，现阶段食用植物油市场上的品牌繁多，各自占据一定比例的市场份额，虽然目前外资粮油集团益海嘉里占据了国内最大的市场份额，但并非处于绝对的领先地位，早期实施的多品牌战略优势正在逐步减弱，国有企业和民营企业与其的差距正在缩小，国内粮油市场的竞争品牌正朝多元化方向发展。

综上所述，相对于其他食用植物油产品，豆油具备原材料生产成本低与价格低优势，供给充沛且营养丰富、用途广泛，不仅受到了国内消费者的青睐，更是食品加工企业的首选用油，具有较强的竞争优势，是我国食用植物油市场需求的主流产品。

第5章 我国大豆和豆油市场纵向关联价格传递研究

5.1 问题的提出

价格传递是国内外学者非常关注的一个研究领域，包括空间价格传递和纵向价格传递两个方面。近来，更多文献关注纵向价格传递过程中的价格不对称问题，包括价格不对称的类型、原因、模型方法和实证应用等。其中，价格传递不对称的原因比较复杂，一般来说，非竞争性市场结构被广泛地认为是非对称价格传递的主要原因。市场集中度越高，非对称价格传递的程度也越大(Meyer 和 von ramon-Taubadel，2004)。在一个不完全竞争的市场上，拥有市场力量的企业常常具备一定能力来操纵市场价格，从而使价格传递偏离完全竞争的轨道(王秀清等，2007)。

纵向价格传递过程中，某一环节的价格变化会通过产业关联传递到其他环节。而且，产业链上某一环节的市场力量会导致价格传递的不对称，从而导致整个产业链的福利再分配。大豆产业链涉及大豆种植、豆油生产、豆油批发和豆油零售等诸多环节，对应的利益主体分别为大豆种植农户、豆油加工企业、豆油经销商和消费者，分析大豆产业链上纵向价格传递关系，包括传导方向、速度和强度，对于明确产业链上各利益主体的地位和作用具有十分重要的现实意义。本章侧重考虑大豆加工企业的市场力量，因而以大豆加工品豆油的批发价格为核心向上下游辐射，主要分析“大豆批发价格—豆油批发价格—豆油零售价格”这一纵向价格传递关系。

5.2 文献综述

在研究方法上，国外学者早期使用非对称模型(asymmetric model)(Wolffram，1971；Houck，1977；Ward，1982)来研究纵向价格传递，后有学者指出非对称模型未考虑数据的时间序列特征，容易产生“伪回归”问题(Balke 和 Fomby，1997；V. Cramon-Taubadel，1998)，而线性协整(Engle 和 Granger，1987)和门限协整(Balk 和 Fomby，1997)可以解决此问题，随后这两种方法被应用到各种农产品的价格传导问题研究中(Goodwin 和 Harper，2000；Jaffry，2005；Monia 和 Jose，2007)。线性协整是通过线性误差修正模型(ECM)刻画了经济变量之间的线性调整机制，可用于研究价格传递强度的非对称性，但门限协整是刻画了经济变量之间的非线性调整机制，被广泛应用于研究上游(下游)价格对下游(下游)价格上升和下降敏感度的非对称性。

国内有关纵向价格传递的研究主要采用线性协整方法，研究产品涉及生猪(王芳、陈俊安，2009；王思舒等，2010；宁攸凉等，2012；李圣军，2013)、蔬菜(李桂芹、王丽丽，2012；张晓敏、周应恒，2012)、禽蛋(李哲敏，2010)、肉鸡(董晓霞，2011)、奶业(花俊国，2013)、大豆等产品。胡华平、李崇光(2010)则探讨了我国主要的农产品供应链，涵盖粮食产品、蔬菜产品、肉类产品和水产品市场中的垂直价格传递与纵向市场联结的关系。近年来，部分学者开始运用门限模型研究生猪产品纵向价格传递的非对称性(周金城、陈乐一，2014；王晶晶、钱小平、陈永福，2014)。

关于产业链角度的大豆价格传导研究，国外大多基于豆油是生物燃料的原料之一，研究大豆与石油间的价格传导关系(Saban Nazlioglu，2013；Fernando Avalos，2014；Li Liu，2014)，国内则多数研究国际期货价格对国内现货价格的传递(周应恒等，2007；方燕、邓杰，2013)。关于大豆纵向价格传递关系的研究文献较少，比较有代表性的是刘家富、李秉龙、李孝忠(2010)选取了黑龙江、郑州、江苏大豆和豆油价格数据，运用线性协整方法考察国内大豆市场的整合关系以及大豆产业上下游产品之间价格传导机制。方燕、高翔宇(2015)采用线性协整方法研究大豆、豆油、豆粕现货价格传导关系。廖翼(2015)基于同样方法分析大豆生产价格和豆油零售价格。

综上所述，国内纵向价格传递研究在方法上比较一致，多数采用线性协整方法；其中有关大豆纵向价格传递方面的研究很少，因此本书以大豆产业链上的纵向传导为研究对象，剖析"大豆批发价—豆油批发价—豆油零售价"间的传导关系，采取线性协整方法探讨三个价格间的长期均衡关系、传导路径以及短期传递速度和传递强度的非对称性问题，判断产业链中各价格主体的地位和作用。

5.3　大豆产业链纵向价格的长期均衡关系及传导路径

5.3.1　数据来源

本书研究的大豆产业链纵向价格包括大豆批发价格、豆油批发价格和豆油零售价格，其中大豆批发价格采用国内价格，而不是进口价格，其原因有两点：①国内大豆价格与进口大豆价格(即国际大豆价格)的趋势基本一致，采用大豆国内或进口价格不会存在很大差距；②豆油的批发和零售价格均是国内价格，采用国内大豆批发价格更为贴切。

本书选取 1995 年 1 月至 2014 年 12 月的国内大豆批发价格、豆油批发价格与豆油零售价格的月度数据。其中，大豆的批发价格、豆油的批发价格来源于中国农业部信息中心的"全国农产品批发市场价格信息网"，此网已有 748 家大中城市的农产品批发市场入网，全年 365 期不间断采集农产品价格、交易量、市场动态等信息，是目前较权威的批发市场价格数据。豆油的零售价格来源于《中国物价年鉴》。个别月份的缺失值是通过上下两年同月份价格的均值来估算。

为消除物价水平，零售价格和批发价格分别除以定基(1995＝100)居民消费价格指数(CPI)和生产价格指数(PPI)，两价格指数均来源于《中国统计年鉴》，并对其进行了季节性调整。

5.3.2 描述性统计分析

根据3个价格序列的趋势图(图5-1)可知,我国大豆和豆油的月度价格波动较为频繁,但除了几个异常值外,三种价格的整体变动基本一致,其中,豆油批发价格和豆油零售价更为相似,并在2007—2011年间波动幅度较大。

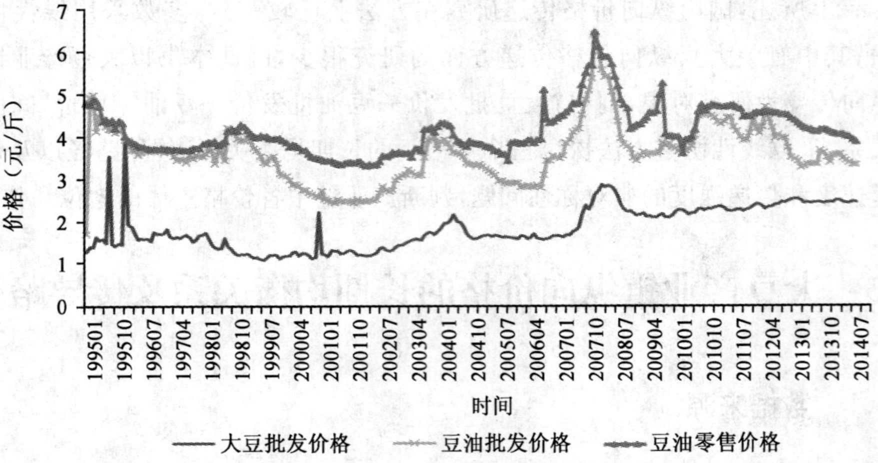

图5-1 大豆批发价格—豆油批发价格—豆油零售价格月度走势

表5-1是三个价格序列的描述性统计结果,豆油零售价的平均价格最高,比豆油和大豆批发价格分别高出0.55元、2.31元;从价格最大值和最小值间差异以及方差大小可以看出,豆油零售价格的变动幅度最大,其次是豆油批发价格、大豆批发价格。

表5-1 大豆批发价格—豆油批发价格—豆油零售价格的描述性分析 元/斤

	大豆批发价格	豆油批发价格	豆油零售价格
Mean	1.82	3.58	4.13
Median	1.67	3.58	4.01
Maximum	4.06	6.40	6.45
Minimum	1.08	1.7	3.31
Std. Dev.	0.49	0.68	0.55
Variance	0.25	0.46	0.30

一个完美对称分布的序列其偏度值应等于 0，根据表 5-2 可知，大豆产业链上的三个价格的偏度均大于 0，表示均为右偏态序列；标准正态分布的峰度值应为 3，而大豆产业链上的三个价格的峰度值均大于 3，则序列是明显的厚尾特征；同时三个价格无论是偏度还是峰度或二者结合均拒绝正态性原假设，即是显著的非正态序列。

表 5-2 大豆批发价格—豆油批发价格—豆油零售价格的偏度-峰度检验

	Skewness	Kurtosis	Pr(Skewness)	Pr(Kurtosis)	adj chi2(2)	Prob>chi2
大豆批发价格	0.68	3.69	0.00	0.05	16.98	0.00
豆油批发价格	0.62	4.49	0.00	0.00	19.84	0.00
豆油零售价格	1.23	5.11	0.00	0.00	43.41	0.00

为进一步反映变量之间相关关系的密切程度，进行三个价格序列的相关性分析，根据表 5-3，相关系数均大于 0.5，则表明三个价格之间存在正的强相关，并且豆油零售和批发价格之间的相关性明显大于豆油和大豆批发价格的相关性。

表 5-3 大豆批发价格—豆油批发价格—豆油零售价格间的相关系数

	大豆批发价格	豆油批发价格	豆油零售价格
大豆批发价格	1.000 000	0.574 102	0.598 300
豆油批发价格	0.574 102	1.000 000	0.842 702
豆油零售价格	0.598 300	0.842 702	1.000 000

上述仅仅是统计学意义上的相关，至于三个价格序列是否存在稳定的长期均衡关系以及具体的价格传导路径则需要进一步的分析。具体地，首先利用 ADF 检验判断三个价格序列的平稳性，若价格序列是非平稳的，为避免差分后失去总量的长期信息，采取 Johansen 协整检验，确定序列间是否存在长期均衡关系。若存在长期均衡关系，则进一步通过格兰杰因果检验确定其价格传导路径。

5.3.3 平稳性检验

首先,对大豆批发价格($P1$)、豆油批发价格($P2$)、豆油零售价格($P3$)进行ADF检验,测试三个序列的平稳性。原假设:序列存在单位根,即序列是非平稳的。当P值小于0.05时,则原假设在95%的置信水平上被拒绝。

根据表5-4的检验结果,三个价格序列的ADF检验统计量的P值均大于0.05,表明存在单位根,即$P1$、$P2$、$P3$属于非平稳序列,此时不可以做格兰杰因果检验。因此,分别对三种价格进行一阶差分,再对差分序列进行ADF检验,结果是三个差分序列的ADF检验统计量的P值都显著为零,拒绝原假设,即一阶差分序列是平稳的。由此说明,大豆批发价、豆油批发价、豆油零售价均为一阶单整I(1)序列。

表5-4 ADF检验

变量	ADF值	P值	检验结果
$P1$	−0.305 492	0.574 8	不平稳
$P2$	−1.072 058	0.256 2	不平稳
$P3$	−0.681 876	0.420 8	不平稳
$D(P1)$	−26.146 91	0.000 0	平稳
$D(P2)$	−22.654 39	0.000 0	平稳
$D(P3)$	−17.244 64	0.000 0	平稳

5.3.4 Johansen协整检验

Johansen协整检验是Johansen和Juselius(1990)一起提出的一种以VAR模型为基础的协整检验方法,以检验两个或多个不平稳的同阶单整序列是否存在平稳的线性组合,即稳定的长期均衡关系。原假设是最多存在k个协整向量,若P值小于0.05时,原假设在95%的置信水平上被拒绝。

由于Johansen协整检验对滞后长度相当敏感,必须先确定其滞后阶数。首先构建VAR模型,确定VAR模型的最优滞后阶数(表5-5),而协整检验的滞后阶数是辅助回归中一阶差分项的滞后阶数而不是原序列,所以等于VAR

模型最优滞后阶数减 1。

表 5-5　滞后阶数确定准则

Lag	LogL	LR	FPE	AIC	SC	HQ
0	−349.702 6	NA	0.004 198	3.040 539	3.085 109	3.058 514
1	223.567 3	1 126.772	3.24e-05	−1.823 856	−1.645 576	−1.751 958
2	265.472 6	81.281 93	2.44e-05	−2.107 523	−1.795 533	−1.981 701
3	280.785 5	29.305 66	2.31e-05	−2.161 944	−1.716 245	−1.982 198
4	290.302 8	17.968 00	2.30e-05	−2.166 403	−1.586 995	−1.932 734
5	339.526 7	91.658 38*	1.63e-05*	−2.513 161*	−1.800 043*	−2.225 568*

* indicates lag order selected by the criterion。

从表 5-5 中看出，五个准则均在第 5 阶处显著，则 VAR 模型最优滞后阶数为 5，Johansen 协整检验的滞后阶数为 4。

根据迹检验和最大特征根检验结果（表 5-6），“无协整向量”的零假设被拒绝，而“最多一个协整向量”的零假设没有被拒绝，则三个价格序列有且仅有一个协整向量，即三者存在协整关系。协整方程表示如下（括号内为 t 统计量）：

$$P1=0.23P2+1.13P3+3.35 \qquad (1)$$
$$(-0.66)\ (-2.68)$$

由(1) 式可知，三种价格存在着协整关系，在长期内，三个价格变化存在共同的变动趋势，即我国大豆市场与豆油市场之间存在着长期整合关系。

表 5-6　Johansen 协整检验结果

原假设	特征根	迹统计量（P 值）	最大特征根统计量（P 值）	检验结果
无协整向量	0.097	33.35 (0.02)	24.10 (0.02)	拒绝
至多 1 个协整向量	0.028	9.24 (0.34)	6.65 (0.53)	不拒绝
至多 2 个协整向量	0.011	2.59 (0.11)	2.59 (0.11)	不拒绝

5.3.5 基于VEC模型的格兰杰因果检验

由于对原序列或差分序列直接进行的格兰杰检验是两两进行，即分别检验 $P1$、$P2$、$P3$ 中两个价格的“因果关系”，忽略了第三个价格对二者的影响，而基于VEC模型的格兰杰因果检验是同时检验 $P1$、$P2$、$P3$ 三者的“因果关系”，考虑了三个价格间的交互影响，因此，本书采用基于VEC模型的格兰杰因果检验，以确定三个价格之间的传导路径（表5-7）。

表5-7 格兰杰因果检验结果

Dependent variable	Excluded	Chi-sq	Prob.	检验结果
$D(P1)$	$D(P2)$	15.767 72	0.003 3	拒绝
	$D(P3)$	2.973 458	0.562 3	不拒绝
$D(P2)$	$D(P1)$	3.186 742	0.527 1	不拒绝
	$D(P3)$	26.621 08	0.000 0	拒绝
$D(P3)$	$D(P1)$	4.879 996	0.299 8	不拒绝
	$D(P2)$	5.503 493	0.239 4	不拒绝

根据表5-7的检验结果，只有两个零假设“$P2$ 变化不是 $P1$ 变化的Granger原因”以及“$P3$ 变化不是 $P2$ 变化的Granger原因”被拒绝，而其他因果关系均不成立。也就是说，大豆产业链上三种价格存在反向传导，即：豆油零售价变化是豆油批发价变化的原因（$P3 \to P2$），豆油批发价变化是大豆批发价变化的原因（$P2 \to P1$）。反之，大豆批发价的变化不是豆油批发价变化的原因，豆油批发价也不是豆油零售价变化的原因。由此可以看出，大豆产业链是下游价格向上游价格的传导，反之则不成立，即豆油零售价格上涨（下跌）可能导致豆油批发价格上涨（下跌），豆油批发价格上涨（下跌）可能导致大豆批发价格上涨（下跌）；而大豆批发价格的涨跌对于豆油批发价格及豆油零售价格则没有同样的传导关系。产生这样结果的原因可能有两个：

一是豆油市场属于需求导向型，最终消费者的需求决定豆油零售价格。豆油市场行情变化、消费者收入变化、豆油替代品的价格变化、零售商的市场力量等等是导致豆油零售价格变化的主要原因，而作为前端成本的大豆批发价格和豆油批发价格则相对不重要，即上游对下游价格传导的因果关系不存在。但这只是主观的判断，至于究竟哪些因素对豆油零售价格变化影响更大，还需结合价差模型做进一步分析验证。

二是纵向价格传递中存在着下游对上游的反向传导，即下游价格涨跌可以带动上游价格涨跌，恰恰说明在“大豆批发—豆油批发—豆油零售”产业链条中，豆油零售商和豆油批发商占据着主体地位，对价格存在一定的控制能力。例如，我国豆油需求增加，大幅度拉动豆油零售和批发价格，但豆油零售商和批发商对价格控制较强，可通过压制大豆批发价格的快速上涨以减少原料成本，赚取更多利润，如图5-1中2007年豆油批发价格和零售价格大幅度增加，但大豆批发价格仅小幅度上涨；当豆油需求市场相对低迷，豆油批发和零售价格下跌，豆油零售商和批发商对价格议价能力较强，会通过降低上游价格来降低自己的成本，从而导致大豆批发价的下降，如图5-1中2008—2009年豆油零售价和豆油批发价的下降，带动大豆批发价的下降。以上变化幅度的差异也表明价格传递不对称性的特点。

5.4　大豆产业链纵向价格传递的短期波动分析

上文分析可见，我国豆油和大豆价格频繁波动，而且二者在波动方向、幅度和特点上存在不对称。这部分使用误差修正向量自回归模型(error correction VAR)分析纵向价格在面对短期冲击时如何调整并趋向长期关系，侧重于分析产业链上各价格主体在三个价格传导中传递强度的相对大小以及是否存在非对称性，价格传递是否存在滞后期等，这些问题的回答有利于明确把握大豆产业链的各个节点间价格的相互影响关系，确定食品产业链中各价格主体的地位和作用，从而判断豆油加工企业和豆油零售企业是否有垄断力量存在。

前面协整与格兰杰因果检验验证了三个价格之间的长期均衡关系与传导路径，但均是针对三个价格序列的长期关系研究，以下借助脉冲响应函数和方差分解进一步分析其在面对冲击后的短期波动，价格序列间传导的反应时间和滞后效应问题，由此更进一步地揭示三个价格序列之间信息传递的速度和强度。

5.4.1 脉冲响应函数分析

基于 VAR 模型，建立大豆批发价、豆油批发价、豆油零售价的脉冲响应函数，追踪一个内生变量的冲击对其他内生变量所带来的影响。图 5-2 是大豆产业链的脉冲响应函数图，横坐标表示冲击作用的滞后期数（单位：月），纵坐标表示价格变化的幅度。通过图 5-2 左图可知，中国国内大豆批发价格（$P1$）对自身 1 个标准差的冲击在当期就表现出较强的正向反应，第 2 期快速下降，而豆油批发价格（$P2$）、豆油零售价格（$P3$）一个标准差的冲击对大豆批发价格（$P1$）的影响滞后一期，随后是波动性增长的正向影响，均表现出较长的持续效应。除第 5、6 期，豆油批发价格（$P2$）相比豆油零售价格（$P3$）对大豆批发价格（$P1$）的影响稍大一些。

图 5-2 中间图表示的是豆油批发价格（$P2$）的脉冲响应函数，豆油的批发价格（$P2$）1 个标准差冲击对其自身的影响在当期立即表现出正向影响，第 6 期后持续下降。大豆批发价格（$P1$）在当期对豆油的批发价格（$P2$）有较小的正向影响，而豆油零售价格（$P3$）对豆油批发价格的影响滞后一期，并从第 2 期开始持续 10 期大于大豆批发价格（$P1$）对豆油批发价（$P2$）影响，随后逐渐下降。对比图 5-2 左图中豆油批发价格（$P2$）对大豆批发价格（$P1$）的影响，大豆批发价格（$P1$）对豆油的批发价格（$P2$）的影响略小。

图 5-2 中右图表示豆油零售价格（$P3$）的脉冲响应函数，豆油的零售价格（$P3$）1 个标准差冲击，当期对其自身就表现出正向影响；大豆的批发价格（$P1$）和豆油批发价格（$P2$）对豆油零售价格（$P3$）的影响均不存在滞后，并表现出较长的持续效应。豆油批发价格（$P2$）对豆油零售价格（$P3$）的影响明显大于大豆的批发价格（$P1$）对豆油零售价格（$P3$）的影响，并大于图 5-2 中间图中豆油零售价（$P3$）对豆油批发价（$P2$）的影响。同时对比图 5-2 左图中豆油零售价格（$P3$）对大豆批发价格（$P1$）的影响，大豆的批发价格（$P1$）对豆油零售价格（$P3$）的影响略小。

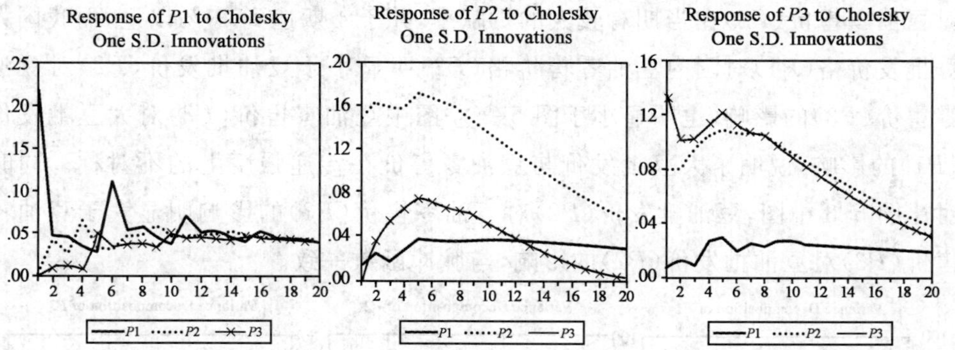

图 5-2　大豆产业链脉冲响应函数

5.4.2　方差分解分析

为进一步从动态角度研究短期内对大豆批发价、豆油批发价、豆油零售价的价格变动产生影响的每个随机扰动项的相对重要性的信息，利用方差分解进行分析。图 5-3 是大豆产业链的方差分解图，横坐标表示滞后期数（单位：月），纵坐标分别表示大豆批发价（$P1$）、豆油批发价（$P2$）、豆油零售价（$P3$）对三个价格变化的贡献率（单位：%）。图 3 左图是我国大豆批发价格（$P1$）方差分解图，在当期，大豆批发价的波动全部来自于自身市场，而豆油批发价（$P2$）和豆油零售价（$P3$）对其影响为零。随后豆油批发价（$P2$）和豆油零售价（$P3$）对大豆批发价（$P1$）的影响逐步增大，同时，豆油批发价（$P2$）相比豆油零售价（$P3$）对大豆批发价（$P1$）的影响较大，与脉冲函数的结论一致。

从图 5-3 中间我国豆油批发价格（$P2$）方差分解图可知，我国豆油零售价（$P3$）对豆油批发价格（$P2$）在当期的贡献率为零，我国大豆批发价格（$P1$）对国内豆油批发价格（$P2$）在当期有 1.03%的贡献率。第 2 期后，豆油零售价（$P3$）对豆油批发价格（$P2$）的影响增加，并大于大豆批发价格（$P1$）对豆油批发价格（$P2$）的影响，这与脉冲函数基本一致。对比图 5-3 左图，豆油批发价（$P2$）对大豆批发价（$P1$）的影响大于大豆批发价格（$P1$）对豆油批发价格（$P2$）的影响，即大豆批发价格与豆油批发价格在传递强度上存在不对称性。

图 5-3 右图是我国国内豆油零售价格（$P3$）方差分解图，豆油批发价（$P2$）

对豆油零售价($P3$)在当期有较大的贡献率,并于4期达到40%以上,而我国大豆批发价格($P1$)对国内豆油零售价格($P3$)明显小于豆油批发价($P2$)对豆油零售价($P3$)的影响,也明显小于图5-3左图中豆油零售价($P3$)对大豆批发价($P1$)的影响,说明了大豆批发价与豆油零售价在传递强度上的不对称。同时对比图5-3中图,豆油批发价($P2$)对豆油零售价($P3$)的影响明显大于豆油零售价($P3$)对豆油批发价($P2$)的影响,与脉冲函数一致。

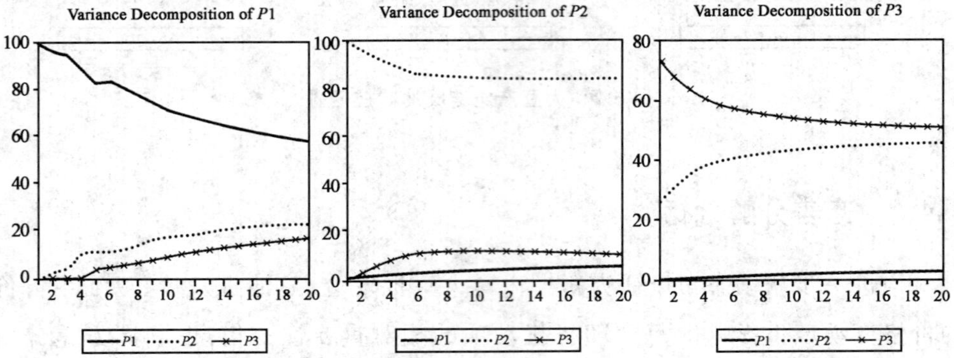

图5-3　大豆产业链方差分解图

5.4.3　短期波动综合分析

综上,脉冲响应函数和方差分解结果是一致的,具体如下:

在反应时间上,大豆批发价($P1$)对豆油批发价($P2$)、豆油零售价($P3$)冲击的反应以及豆油批发价($P2$)对豆油零售价($P3$)冲击的反应均滞后一期,即大豆产业链的上游价格对下游价格的反应存在滞后。因此,考虑到豆油零售价格对上游价格传导的滞后性,尤其是大豆批发价格的滞后对大豆种植农户决策的影响,政府尽快建立信息平台,为农户提供具有生产指导作用的预测性公共信息服务,减少农户由于盲目扩大或减少生产带来的损失。

在短期传递强度上,存在非对称性:$P2$对$P1$传递强度大于$P1$对$P2$;$P2$对$P3$传递强度大于$P3$对$P2$;$P3$对$P1$传递强度大于$P1$对$P3$。引起这种价格传递非对称性的原因有很多,但市场力量被广泛认为是主要原因:在不完全竞争市场条件下,具有市场力量的企业具备操纵市场价格的能力,使得价格传递偏离完全竞争的轨道(王秀清等,2007)。而大豆产业链短期传递强度的非对称性与豆油批发商、零售商的较强议价能力是相关的,豆油批发和零售环节的市场力量可能导致不同主体利润分配不合理。因此,政府应进行必要的调整,兼顾不同主体的利益分配,完善市场机制建设,提高市场流通效率。

同时,$P2$ 对 $P1$ 的价格传递强度大于 $P3$ 对 $P1$,$P2$ 对 $P3$ 的价格传递强度大于 $P1$ 对 $P3$,$P3$ 对 $P2$ 的价格传递强度大于 $P1$ 对 $P2$,因此,豆油批发价格($P2$)传递强度最大,其次是豆油零售价($P3$),而大豆批发价($P1$)传递强度最小,即当豆油批发价格($P2$)发生变化时,对大豆产业链的影响最大,因此,政府若想控制大豆产业链上价格的波动,应加强对豆油批发价格的监测。

5.5　结论及政策建议

5.5.1　主要结论

我国大豆产业链上的三个价格,即大豆批发价格、豆油批发价格、豆油零售价格存在长期均衡关系,并属于下游拉动上游的传导机制,即豆油零售价变化是豆油批发价变化的原因,豆油批发价变化是大豆批发价变化的原因,豆油批发商和零售商存在一定的市场力量,在大豆产业链中占据主导地位。

短期波动中,大豆的批发价格($P1$)、豆油批发价格($P2$)、豆油零售价格($P3$)对自身1个标准差冲击在当期均表现出正向影响;下游价格对上游价格的传递速度滞后一期,而大豆的批发价格($P1$)对豆油批发价格($P2$)、豆油零售价格($P3$)以及豆油批发价格($P2$)对豆油零售价格($P3$)的影响均不存在滞后。传递强度上存在非对称性,同时豆油批发价($P2$)的传递强度最高,其次是豆油零售价格($P3$),而大豆批发价格($P1$)传递强度最低。

5.5.2　政策建议

1.加强宏观调控,建立价格监测预警机制

"大豆批发价格—豆油批发价格—豆油零售价格"产业链的价格传导属于下游拉动上游,即豆油批发价格或零售价格波动会较显著影响大豆批发价格,反之则不然，如上游大豆价格下降了，下游豆油批发价和豆油零售价不一定随之下降，或者下降幅度较小，这就导致消费者福利受损。因此，政府在宏观调控的过程中，应注重加强对大豆产业链下游豆油零售价格波动的监控，建立我国大豆产业价格监测预警系统，保障消费者的福利。同时由于豆油批发价格的传递强度最大，其变动会对大豆产业链产生较大的影响，从而也应注重豆油批发价格的监测，有效运用豆油储备政策等调控手段，减少大豆产业的价格异常波动给居民日常生活及大豆产业主体带来不利影响。

2.提供适当补贴支持，缓解加工企业压力

当大豆生产成本上涨或其他原因导致大豆批发价格提高时，但由于受限于下游豆油零售价的影响，大豆压榨企业不能以提价策略应对原料价格上涨的经营压力，从而导致我国采用国产大豆的加工企业进一步丧失竞争优势。因此，为保护我国大豆产业安全和大豆种植户利益，政府应在大豆价格上涨时对加工国产大豆的企业给予一定的补贴，如税收优惠、加工补贴等，以缓解其成本压力。同时，政府在制定大豆相关政策时也应考虑可能对其他主体的冲击。

3.构建市场信息平台，提高价格传导速度

在大豆产业链中，上游价格对下游价格的反应均滞后一期，政府应建立和完善大豆市场信息平台的建设，提高大豆产业价格传递速度。可通过有效收集和分析市场价格信息，建立健全的市场与生产信息体系，将下游信息及时、全面、准确地传递给上游主体，并为大豆种植农户提供具有生产指导作用的预测性公共信息服务，以减少农户由于盲目扩大或减少生产带来的损失。

4.完善市场机制建设，提高市场流通效率

豆油批发商和零售商存在的市场力量导致大豆市场流通的效率下降，应进一步完善市场机制建设，促进产销衔接，提高流通效率。应大力提升大豆和豆油市场流通的组织化和现代化水平，健全大豆市场流通体系，根据现代化大生产特点，将大豆的种植、生产、运输、仓储、销售等各个环节链接为一体，兼顾大豆产业链上不同主体的利益分配，同时可加大公益性批发市场的建设，减少流通环节的费用，加强对外资企业的监管，杜绝垄断市场和垄断价格等行为，并引入有序的市场竞争机制，保证价格传导机制的畅通。

5.6　本章小结

本章基于1995年1月至2014年12月我国大豆、豆油月度价格数据，在分析“大豆批发价格—豆油批发价格—豆油零售价格”长期均衡关系的基础上，利用格兰杰因果检验分析价格传导的路径，并应用脉冲响应函数和方差分解分析纵向价格在面对短期冲击时反应的时间和传递强度。研究结论表明：大豆产业链上各价格呈现反向传导，属于下游拉动上游的传导机制，豆油零售价是豆油批发价变化的原因，豆油批发价是大豆批发价变化的原因；同时存在着价格传递的不对称，豆油批发商和零售商存在一定的市场力量，在大豆产业链中占据主导地位；在短期传递速度上，大豆产业链的下游价格对上游价格的传递速度均滞后一期，并均表现为正向影响；在短期传递强度上，存在非对称性，同时豆油批发价（$P2$）的传递强度最高，其次是豆油零售价格（$P3$），而大豆批发价格（$P1$）传递强度最低。

第6章　我国大豆和豆油市场纵向价格的价差影响因素分析

第5章对大豆和豆油市场纵向价格自身传递关系进行了具体分析，得知大豆批发价格—豆油批发价格—豆油零售价格之间存在长期反向传导关系，而本章从价差角度出发，探讨影响大豆和豆油市场纵向价格价差的外部影响因素。

6.1　理论模型

6.1.1　价差模型的相关研究

价差反映一种产品的零售价格与调整成等量产品的农户价格的差异，包括产品从农户运到消费者手中这一过程中的成本和利润，例如农产品的运输、加工、仓储和零售等(辛贤，1998)。价差包括零售价与批发价之差、零售价与农户价之差以及批发价与农户价之差。价差通常可以用价格的差值来表示，是衡量市场流通效率的重要指标，因此分析影响价差的因素显得尤为重要。

(1)对影响农户与批发商(farm-wholesale，FW)价差的研究。根据学者的研究，主要的影响因素有市场力量、市场集中度、生产成本和技术水平等。Ward(2002)和Schroeter，Azzam，Zhang(2000)研究了批发商的市场力量和市场风险对农户与批发商价差的影响；Ball 和 Chambers(1982)在研究 FW 价差时把技术进步作为一个重要的指标纳入到模型当中；Brester 和 Marsh(2001)在研究牛肉和猪肉市场的 FW 价差时考虑了诸多因素，以牛肉市场为例，包括：牛肉的产量、肉牛的产量、市场成本、劳动力成本、牛肉副产品的价值、玉米的价格、人均消费支出以及技术水平和生产效率，研究表明：玉米价格、人均消费支出、牛肉产量和劳动力成本对价差产生显著负向影响，副产品价值和技术进步则产生显著正向影响。

(2)对影响农户与零售商(farm-retail，FR)价差的研究。学者在研究 FR 价差时考虑的主要因素有零售的需求和供给水平以及投入成本。Gary D. Thompson 和 Charles C. Lyon(1989)通过联立方程分析澳大利亚脐橙市场价差短期的影响方向，得出成本控制对价差的影响比较重要；Richard Tiffin 和 P. J. Dawson(2000)通过简单的平稳检验以及二元回归分析得出羊肉市场需求变化会对价差的影响较为显著。

(3)对影响批发商与零售商(wholesale-retail，WR)价差的研究。Hall，Schmitz 和 Cothern(1979)调查发现牛肉的批发—零售价差在增加，研究证明零售业工资率的增加和零售行业的市场集中度都对批发—零售价差产生显著正向影响。Multop 和 Helmuth(1980)利用 1969—1978 年的时间序列数据，重点研究了批发商的市场集中度、工资率、利率和屠宰牛价格对价差的影响。Marsh 和 Brester(2004)利用时间序列研究影响牛肉和猪肉市场批发—零售价差的因素，以牛肉市场为例，选取的因素包括牛肉的产量、进口量和库存、牛肉替代品的加权价格、人均消费支出、劳动成本、零售业的生产率、技术水平、市场成本、零售业和批发业的市场集中度。其中，牛肉进口量、库存量、劳动成本和零售业的市场集中度对价差有显著正向影响；人均消费支出、市场成本和零售业的生产率则对 WR 价差的影响显著为负。范润梅等(2007)对北京蔬菜市场上西红柿和土豆的价格变化进行了研究，发现零售价格是影响蔬菜批零价差的主要因素。

6.1.2 理论模型发展

国外对价差理论的研究可以分为：联合需求理论、加价模型、Gardner-6 方程模型和后 Gardner 模型。

1. 联合需求理论

联合需求是指任何一种生产过程都需要两种以上的生产要素才能进行，单一要素无法生产出任何产品和劳务。联合需求理论认为对最终产品的需求也就是对所有生产要素的需求，但是后来 Buse 等(1960)的实证研究指出该理论难以解释现实的价差现象。

2. 加价模型

加价模型认为消费需求是决定农户价格和零售价格的决定因素，该模型还认为价差可能等于零售价格的一个绝对量或一定比例，也可能是两者加总。但后来学者 Gardner(1975)和 Wohlgenant(1987)等证明该理论缺乏坚实理论基础，导致模型误设。

3. Gardner-6 方程模型

该模型是现代价差理论的基础。通过对粮食部门市场均衡的研究，Gardner(1975)指出传统价差理论在模型假设方面存在不足。他放松了定比假设和替代弹性恒等假设，建立了 2 投入 1 产品模型来分析零售价格和农户价格市场均衡。虽然 Gardner 对价差理论贡献很大，但仍存在不足：他假设产品市场是完全竞争的；把所有的市场营销活动用一个生产函数来表示，并把所有的除农产品之外的其他营销投入看作一个变量，使得模型过于简单化。

4. 后 Gardner 模型

Wohlgenant(1985，1989)将 Gardner 的模型扩展到多种市场营销投入的情况，并研究了市场营销投入之间的替代弹性对价差的影响。Wohlgenant 的价差理论主要假设有：行业完全竞争，农产品供给是前定变量，模型中弹性参数近似不变。

上文介绍了价差理论的演变过程，从联合需求理论、加价模型、Gardner-6 方程模型到后 Gardner 模型。虽然这些价差模型的理论基础在逐步改进，但仍有不足。Marsh 和 Brester 于 2001 年和 2004 年分别提出的 FW 价差模型和 RW 价差模型的理论框架相对完善，均从供给和需求角度出发考虑影响价格的因素，并在此基础上推广到影响价差的因素，有较坚实的理论基础，且考虑的较全面。因此，本书将借鉴 Marsh 和 Brester 提出的 FW 价差模型和 RW 价差模型，由于这两种模型的基本理论框架十分相似，下文主要介绍RW价差模型。

6.1.3　批零价差模型形式

Marsh和Brester在2004年提出了批零价差模型，该模型分为两个版块，分别介绍了零售商模型和批发商模型，并在此基础上建立了批零价差模型。下面是模型的具体介绍。

6.1.3.1　零售商模型

(1) $P_r^d=\varphi_1(Q_r^d,P_s,Y,N)$　　（零售业的需求）

(2) $Q_r^s=\varphi_2(P_r^s,C_L,P_w,M_c;K_r)$　　（零售业的供给）

(3) $Q_r^d=Q_r^s=Q_r$　　（零售业的均衡产出）

(4) $P_r^d=P_r^s=P_r$　　（零售业的均衡价格）

其中，P_r^d 表示零售的需求价格，Q_r^d 表示人均零售需求量，P_s 表示替代品的加权价格，Y 表示人均消费支出，N 表示零售业员工的劳动效率；Q_r^s 表示人均零售供给量，P_r^s 表示供给的价格，C_L 表示食品的劳动成本，P_W 表示肉类的批发价格，M_c 表示包含劳动成本在内的市场成本，K_r 代表四大零售企业的市场集中度。

6.1.3.2　批发商模型

(5) $P_w^d=\varphi_3(Q_w^d,C_L,P_r,M_c;K_r)$　　（批发业的需求）

(6) $Q_w^s=\varphi_4(P_w^s,C_L,M_c,P_L,T_w;K_w)$　　（批发业的供给）

(7) $Q_w^d=Q_w^s=Q_w$　　（批发业的均衡产出）

(8) $P_w^d=P_w^s=P_w$　　（批发业的均衡价格）

其中，P_w^d 表示批发的需求价格，Q_w^d 表示人均批发需求量，C_L 表示食品的劳动成本，P_r 表示零售价格，M_c 表示包含劳动成本在内的市场成本，K_r 表示零售企业的市场集中度；Q_w^s 表示人均批发供给量，P_w^s 表示批发商供给的价格，P_L 表示牲畜的价格，T_w 表示技术水平，K_w 表示肉类加工企业的市场集中度。

方程(1)到(8)代表的需求结构可以得到牛肉和猪肉市场批发零售的销售利润。根据定义可知，批发零售(WR)利润表示为：

$$M_{wr}=P_r-P_w \tag{9}$$

其中，P_w^d 表示批发零售利润，也即价差，P_r 和 P_w 分别是零售业和批发业的价格，由(4)和(8)得出。因为 M_{wr} 是 P_r 和 P_w 的函数，所以 M_{wr} 即价差还可以表示为如下形式：

$$M_{wr}=m_1(Q_r,Q_w,P_s,Y,N,C_L,M_c,P_L,T_w,K_w,K_w) \quad (10)$$

其中，Q_r 包含的产量信息和 Q_w 高度相关，所以把 Q_r 忽略；另外，Q_w 表示批发业的供给量，供给量来源于库存量、国内产量和进口量，因此 Q_w 用这三个变量代替。因此，用于实证分析的价差模型方程的最终形式表示如下：

$$M_{wr}^j=m_2(Q_{wp}^j,Q_{wt}^j,Q_{wk}^j,P_s^j,Y,N,C_L,M_c,P_L^j,T_w,K_r,K_w^j,\mu^j),\ j=b,p \quad (11)$$

在方程(11)中，wp 表示批发业的产量，wi 表示批发业的进口，wk 表示批发业的库存，$j=b=$beef，$j=p=$pork。

6.1.3.3 批零价差影响因素选择

在 Marsh 和 Brester 的模型框架中，影响因素主要从以下几个角度进行选取：①供给角度：牛肉和猪肉批发业的产量、进口量和库存量；②需求角度：替代品的加权价格，人均消费支出；③成本角度：食品的劳动成本，包含劳动成本在内的市场成本，零售业员工的劳动效率，牲畜的价格和技术水平；④市场角度：零售业和批发业的市场集中度。

综上所述，本章参照 Marsh 和 Brester(2001,2004)的理论框架，从“大豆批发价与豆油批发价”价差和“豆油批发价与豆油零售价”价差两个方面来分析大豆和豆油市场纵向价格价差问题，在探讨两个价差影响因素时主要从供给、需求、成本和市场四个角度展开。

6.2 我国大豆批发价和豆油批发价的价差分析

6.2.1 模型构建

基于供给需求理论以及 Brester 和 Marsh(2001)提出的肉类“农户—批发”价差模型(FW)，并结合我国大豆市场的实际情况，对我国大豆产业链前端的大豆批发价和豆油批发价的价差影响因素进行分析。

1. 变量选取

供给角度：选取我国大豆和豆油的人均供给量来反映我国大豆和豆油市场的供给情况，分别由我国大豆和豆油的总产量、进口总量、库存总量加总后除以人口得到。

需求角度：理论上应该用豆油人均需求量表示，但由于数据限制，选取食用植物油人均购买量进行替代。

成本角度：影响“大豆批发价-豆油批发价”价差的成本主要包括形成豆油批发价格的前端各个环节的成本总和以及豆油的生产技术水平。其中，豆油的生产技术水平可以用豆油生产企业全员劳动生产率反映，是企业的工业增加值与同一时期全部从业人员平均人数的比值。总成本包括大豆生产成本、豆油加工和其他营销成本，但豆油加工过程中的相关成本数据较难获取，这里用大豆单位生产成本代替。

市场角度：主要是分析市场结构的变化对价差的影响，包括外资的进入与大豆加工业的市场集中度。其中，市场集中度是用来衡量一个产业中企业的相对规模和结构，它还可以描述产业中市场垄断和竞争的程度，一般用大豆加工业中排名前 4、5 或 8 位的大企业所占整个行业的份额表示，但由于中国食用植物油加工业持续性的企业数据不足，从而本文仅选取外资进入作为市场结构的衡量变量。

2. 模型形式

根据以上分析，本书构建的“大豆批发价和豆油批发价”价差模型如下：

$$\Delta P_1 = F(S_1, S_2, D, C, T, K)$$

表示成具体方程为：

$$\Delta P_1 = \alpha_0 + \alpha_1 S_1 + \alpha_2 S_2 + \alpha_3 D + \alpha_4 C + \alpha_5 T + \alpha_6 K + \mu$$

其中，ΔP_1 表示大豆批发价和豆油批发价的价差，α_i 表示待估计参数，S_1、S_2 分别表示我国大豆和豆油人均供给量，D 表示人均食用植物油购买量，C 表示大豆单位生产成本，T 表示豆油生产企业员工平均劳动生产率，K 为外资，μ 属于虚拟变量。由于 2004 年外资企业开始大举进入中国大豆压榨行业，并通过大规模兼并和收购形式提高了在我国的市场份额，改变了中国大豆和豆油的市场结构，因此 2004 年后 K 取值为 1，之前为 0。

6.2.2 数据说明

本章选取 1995—2014 年各变量的年度数据，其中，大豆的批发价格、豆油的批发价格来源于中国农业部信息中心的“全国农产品批发市场价格信息网”；豆油零售价格来自《中国物价年鉴》；豆油产量、进口量、库存量均来自 FAO；大豆生产成本来自《全国农产品成本收益资料汇编》；人口、食用植物油人均购买量来自《中国统计年鉴》，其中食用植物油人均购买量通过全国食用植物油总购买量除以总人口得到；食用植物油生产企业全员平均劳动生产率来自于《中国农产品加工业年鉴》和《中国食品加工业年鉴》。

所有价格和收入变量均除以定基（1995＝100）居民消费价格指数（CPI），以消除物价水平波动的影响，其中，CPI 数据来自《中国统计年鉴》。

6.2.3 描述性统计分析

大豆和豆油批发价以及价差趋势如图 6-1 所示，其中，大豆批发价和豆油批发价的趋势是一致的，都在 1995—2006 年呈下降趋势，在 2008 年达到峰值，分别为 2.22 元/斤和 4.33 元/斤，之后大幅度下降。大豆和豆油批发价的价差波动较为频繁，且始终在大豆批发价格上下浮动，但在 2008 年以后显著低于大豆的批发价。

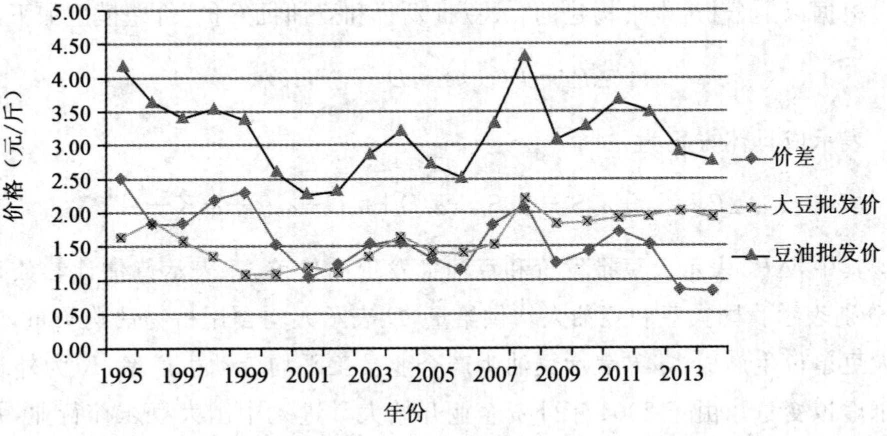

图 6-1 大豆和豆油批发价及其价差趋势图

表6-1是影响大豆生产者和豆油批发商价差的各影响因素的描述性统计结果，主要从因变量、供给变量、需求变量、成本变量和市场变量五个方面来分析。大豆批发价的区间范围为1.08～2.22元，跨度为1.14元/斤；豆油批发价区间范围为2.25～4.33元，跨度为2.08元/斤；两者价差区间范围为0.83～2.49元，跨度为1.66元/斤。因此，豆油批发价的波动幅度较大，价差次之。

大豆和豆油的人均供给量都有较大幅度的变化，尤其是大豆的人均供给量增加较多，主要是因为近年来大豆的进口量激增。全国人均食用植物油的购买量也有稳步的上升，平均值为3.71斤。大豆的生产成本变化幅度很大，最大值为1.44元/斤，最小值为0.55元/斤，远小于平均值。可见，自1995年以来大豆的生产成本持续上升，主要表现为劳动力成本和生产资料成本上升，所以降低劳动力成本、对生产资料进行适度补贴是提高豆农收益的重要方向。劳动生产率变化幅度较大，总体呈现上升趋势，说明在大豆生产成本持续上涨的情况下，豆油生产企业的技术水平也在快速提高。

表6-1 影响大豆生产和豆油批发价差因素的描述性分析

变量	代表变量	变量字母	预期符号	均值	最大值	最小值
因变量	大豆批发价(元/斤)	P		1.60	2.22	1.08
	豆油批发价(元/斤)	P_w		3.17	4.33	2.25
	价差(元/斤)	ΔP_1		1.57	2.49	0.83
供给角度	大豆人均供给量(斤)	S_1	+	6.70	12.22	2.75
	豆油人均供给量(斤)	S_2	−	1.14	1.85	0.37
需求角度	人均食用植物油购买量(斤)	D	+	3.71	6.00	3.09
成本角度	大豆生产成本(元/斤)	C	−	0.85	1.44	0.55
	劳动生产率[万元/(人·年)]	T	−	17.06	39.19	1.83
市场角度	外资(2004年后取值为1)	K	+/−	0.55	1.00	0.00

6.2.4 平稳性检验和结果分析

由于本文选取的是1995—2014年的年度时间序列数据，不需要进行季节性调整，对外资虚拟变量以外的所有变量取对数后进行平稳性检验，判断序列的平稳性，若所有变量均为同阶单整，则可以进行回归，否则容易出现“伪回归”问题。

6.2.4.1　平稳性检验

首先，对大豆和豆油批发价差(ΔP_1)、大豆人均供给量(S_1)、豆油人均供给量(S_2)，人均食用植物油购买量(D)，大豆单位生产成本(C)，豆油生产员工平均劳动生产率(T)进行 ADF 检验，测试原序列的平稳性。原假设：序列存在单位根，即序列是非平稳的。

根据表 6-2 的检验结果，所有变量原序列的 ADF 检验统计量的 P 值均大于 0.1，表明存在单位根，即 ΔP_1、S_1、S_2、D、C、T 均属于非平稳序列。因此，分别对变量进行一阶差分，再对差分序列进行 ADF 检验，结果表明所有差分序列的 ADF 检验统计量的 P 值都显著为零，拒绝原假设，即一阶差分序列是平稳的。由此说明，大豆和豆油批发价差模型中涉及的变量均一阶单整 I(1)序列，可以进行回归分析。

表 6-2　ADF 检验

变量	ADF 值	P 值	检验结果
ΔP_1	−2.708	0.232 9	不平稳
S_1	−2.387	0.386 9	不平稳
S_2	−2.386	0.386 4	不平稳
D	0.294	0.977 1	不平稳
C	−1.594	0.794 6	不平稳
T	−1.469	0.548 7	不平稳
$D(\Delta P_1)$	−3.997	0.000 5	平稳
$D(S_1)$	−4.384	0.002 3	平稳
$D(S_2)$	−3.367	0.002 0	平稳
$D(D)$	−4.723	0.000 1	平稳
$D(C)$	−4.991	0.000 2	平稳
$D(T)$	−5.644	0.000 0	平稳

6.2.4.2 回归结果分析

基于构建的大豆和豆油批发价差模型，对大豆批发价格和豆油批发价格之间价差(ΔP_1)的影响因素进行实证分析。ΔP_1 为因变量，大豆和豆油人均供给量(S_1、S_2)、人均食用植物油购买量(D)、大豆单位生产成本(C)、大豆加工企业员工平均劳动生产率(T)以及外资进入(K)作为自变量。

由于模型回归后存在多个不显著变量，因此对模型进行逐步回归。首先剔除最不显著的变量后重新拟合模型以决定是否再剔除其他变量。本模型通过这种反向淘汰先后剔除了大豆单位生产成本(C)、大豆人均供给量(S_1)、外资进入(K)，得到最终模型的估计结果(表6-3)。与原模型相比，R^2 基本相同，但调整 R^2 提高了(0.586相对于0.501)，说明剔除这些变量后模型的拟合度提高。

表6-3 大豆和豆油批发价差模型最终估计结果(逐步回归)

变量	系数	标准误	T 值	P 值
α_0	−0.246	0.728	−0.54	0.740
S_2	0.745	0.274	2.72	0.015
D	−0.842	0.338	−2.49	0.024
T	−0.476	0.134	−3.47	0.003

根据表6-3可知：豆油人均供给量(S_2)对大豆和豆油批发(FW)价差存在显著的正向影响，这与预期不符，原因是当豆油供给量增加时，由于其使用的大部分原料为进口大豆，低价进口大豆的增加大幅度压低了大豆批发价格，从而FW价差扩大，显示出正向影响。

人均食用植物油购买量(D)对大豆和豆油批发(FW)价差存在显著的负向影响，不符合预期，这可能与政府为稳定物价采取一定的宏观调控手段有关，当食用植物油价格较高时，政府约谈涨价油企以增加对其约束力，当价格较低时，采取相关补贴政策，从而降低食用植物油市场的价格波动幅度。由于豆油批发价格受到干预，而大豆批发价格不受影响，导致豆油批发价格对食用植物油需求量变动的敏感度降低，并低于大豆批发价格的变动幅度，从而对FW价差表现为负向影响。

豆油生产企业员工平均劳动生产率(T)对FW价差存在显著的负向影响，

符合预期，因为豆油生产企业劳动生产率的提高会使豆油生产的成本下降，从而导致豆油批发价格的下降，因此 FW 价差缩小。

根据理论基础和模型建立的过程：预期大豆人均供给量(S_1)对 FW 价差有正向影响，因为大豆供给量增加时，大豆批发价格下降幅度大于豆油批发价格下降幅度，从而扩大 FW 价差。但本文模拟过程中此变量并不显著，原因是大豆供给中进口大豆占多数，大豆供给量的变化会带动进口大豆价格的变化，从而降低国产大豆批发价格变化的幅度，导致和豆油批发价格变化幅度差异不大，从而对 FW 价差不产生显著影响。

大豆单位生产成本(C)对大豆和豆油批发(FW)价差不存在显著影响，原因是当大豆单位生产成本增加，进口大豆的低价导致大豆批发价格上涨幅度受到压制，和豆油批发价格不存在显著差异，从而对 FW 价差影响不显著。

从市场的角度来看，外资(K)的进入对 FW 价差的影响在本模型中不显著，说明外资的影响不明确。此外，由于衡量市场力量的重要代表变量是市场集中度，但囿于数据的限制，无法带入模型进行模拟，因此无法衡量市场力量对价差的影响，这也是未来我们重点研究的方向。

6.3 我国豆油批发价和豆油零售价的价差分析

6.3.1 模型构建

基于供给需求理论以及 Marsh 和 Brester(2004)提出的牛肉和猪肉的“零售—批发”价差模型(RW)，并结合我国豆油市场的实际情况，从供给、需求、成本和市场四个角度分析我国大豆产业链后端的豆油批发价和豆油零售价的价差，探究影响豆油批零价差的主要因素，并与大豆产业链前端的大豆和豆油批发价价差进行对比分析。

1.变量选取

供给角度：豆油批零价差主要涉及豆油市场，本章只选取豆油人均供给量来反映我国豆油的供给情况，包括人均豆油产量、人均进口量和人均库存量的总和。

需求角度：影响豆油需求的因素主要包括居民豆油人均消费量、豆油替代品的加权零售价格、居民平均可支配收入。其中，居民豆油人均消费量选取居民食用植物油人均购买量代替。豆油替代品的选取借鉴以往研究可知，棕榈油、菜籽油、花生油与大豆油之间存在较高的交叉需求弹性，分别为 0.7、0.4、0.4(彭可茂、祁春节、雷海章，2006)，但由于较难获取棕榈油的零售价格，因此本书选取菜籽油和花生油的零售价格，并以同等权重加权，即选取二者的零售价格均值表示。

成本角度：这里影响 WR 价差的成本因素除了影响 FW 价差的大豆生产成本、豆油加工和营销成本外，还包括豆油零售成本和其他营销成本，但豆油零售相关成本数据较难获取，这里与 FW 价差一样，选择大豆单位生产成本和豆油生产企业员工的平均劳动生产率两个变量代表。

市场角度：与大豆和豆油批发价差模型相同，主要是分析市场结构的变化对豆油批零价差的影响，这里选取外资进入作为市场结构变化的代表变量。

2. 模型形式

根据以上分析，得到豆油批零价差模型如下：

$$\Delta P_2 = F(S_2, D, P_s, Y, C, T, K)$$

表示成具体方程为：

$$\Delta P_2 = \beta_0 + \beta_1 S_2 + \beta_2 D + \beta_3 P_s + \beta_4 Y + \beta_5 C + \beta_6 T + \beta_7 K + \mu$$

其中，ΔP_2 表示豆油批发价和豆油零售价的价差，β_i 表示待估计参数，S_2 表示我国豆油人均供给量，D 表示人均食用植物油购买量，P_s 表示菜籽油和花生油加权零售价，Y 表示人均可支配收入，C 表示大豆单位生产成本，T 表示豆油生产企业员工平均劳动生产率，K 为外资，μ 属于虚拟变量，2004 年后为 1，之前为 0。

6.3.2　数据说明

本章选取 1995—2014 年各变量的年度数据，豆油批发价格来自中国农业部信息中心的“全国农产品批发市场价格信息网”；豆油、花生油、菜籽油零售价格均来自《中国物价年鉴》；豆油产量、进口量、库存量均来自 FAO；大豆生产成本来自《全国农产品成本收益资料汇编》；人口、食用植物油消费量、可支配收入均来自《中国统计年鉴》；食用植物油加工企业全员平均劳动生产率来自于《中国农产品加工业年鉴》和《中国食品加工业年鉴》。

所有价格和收入变量均除以定基(1995＝100)居民消费价格指数(CPI)，以消除物价水平。其中，CPI 数据来自《中国统计年鉴》。

6.3.3 描述性统计分析

豆油零售和批发价及其价差的趋势图如图 6-2 所示，1995—2014 年豆油批发和零售价格整体的趋势是一致的，峰值都在 2008 年达到。这和图 6-1 的情况相吻合，因为大豆的批发价格在 2008 年也最高，原材料价格高也导致加工品的价格攀升。但相对大豆和豆油批发价差，豆油批零价差较小，基本上都在 1 元/斤范围内波动，可见豆油的零售业利润空间很有限。

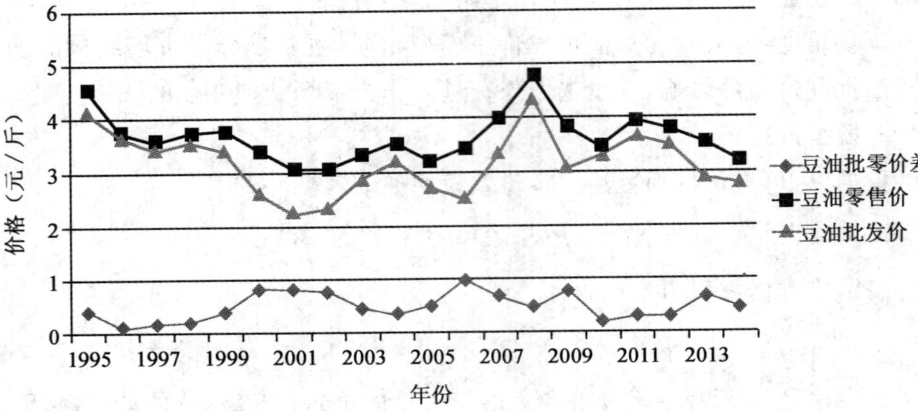

图 6-2 豆油批发和零售价及其价差趋势图

表 6-4 是影响豆油零售和批发价差因素的描述性统计结果，主要从因变量、供给变量、需求变量、成本变量和市场变量五个方面来分析。大豆零售价的波动范围不是很大，幅度为 1.72 元/斤；豆油批发价格波动相对较大，幅度为 2.08 元/斤；二者的价差均值为 0.47 元/斤，最大值为 0.95 元/斤，可见二者的价差较稳定。

从需求角度分析，人均可支配收入的上升幅度很大，最大值是最小值的 6 倍左右。全国人均食用植物油购买量的变化较小(3.09～6)，说明我国食用植物油市场的需求相对稳定。虽然替代品(菜籽油和花生油)的加权零售价格的均值(5.11)和变化幅度(3.51～7.27)均大于豆油零售价格的均值(3.64)和变化幅度(3.05～4.7)，价格上对豆油不存在威胁，但菜籽油和花生油属于高档食用植物油，随着消费者人均可支配收入的大幅度提高，以及对食品多样化的追求，菜籽油和花生油的需求变化可能会影响豆油批零价差。劳动生产率即人均产出总体为上升趋势，且变化幅度较大，大豆的生产成本变化幅度也很大，具体同前文表 6-1 分析。

表 6-4 影响豆油零售和豆油批发价差因素的描述性分析

变量	代表变量	变量字母	预期符号	均值	最大值	最小值
因变量	豆油零售价(元/斤)	Pr		3.64	4.77	3.05
	豆油批发价(元/斤)	Pw		3.17	4.33	2.25
	价差(元/斤)	ΔP_2		0.47	0.95	0.09
供给角度	豆油人均供给量(斤)	S_2	－	1.14	1.85	0.37
需求角度	全国人均食用植物油购买量(斤)	D	＋	3.71	6	3.09
	替代品的加权零售价格(元/斤)	P_S	＋	5.11	7.27	3.51
	人均可支配收入(元)	Y	＋	6 258.77	13 193.21	2 363.33
成本角度	大豆生产成本(元/斤)	C	－	0.85	1.44	0.55
	劳动生产率(万元/人年)	T	＋	17.06	39.19	1.83
市场角度	外资	K	＋/－	0.55	1	0

6.3.4 平稳性检验和结果分析

根据上节平稳性检验，豆油人均供给量(S_2)、人均食用植物油购买量(D)、大豆单位生产成本(C)、大豆加工企业员工平均劳动生产率(T)均为一阶单整 I(1)序列。因此本节只需检验豆油批零价差模型中豆油批零价差(ΔP_2)、菜籽油和花生油零售价的均值(P_S)、人均可支配收入(Y)是否同样为一阶单整 I(1)。

6.3.4.1 平稳性检验

首先，对 ΔP_2、P_S、Y 三个变量的原序列进行 ADF 检验，测试其平稳性。原假设：序列存在单位根，即序列是非平稳的。

由表 6-5 的检验结果可得，ΔP_2、P_S、Y 三个变量 ADF 检验统计量的 P 值均大于 0.1，无法拒绝原假设，即存在单位根，即 ΔP_2、P_S、Y 均属于非平稳序列；分别对三个序列进行一阶差分，再对差分序列进行 ADF 检验，结果表明三个差分序列的 ADF 检验统计量的 P 值均小于 0.01,则原假设在 99%的置信水平上被拒绝,ΔP_2、P_S、Y 一阶差分序列是平稳的。因此,豆油批零价差模型中涉及的变量同样均为一阶单整 I(1)序列,可以进行回归分析。

表 6-5 ADF 检验

变量	ADF 值	P 值	检验结果
ΔP_2	−2.656	0.254 8	不平稳
P_S	−1.558	0.504 6	不平稳
Y	−1.594	0.794 6	不平稳
$D(\Delta P_2)$	−5.968	0.000 0	平稳
$D(P_S)$	−3.912	0.001 9	平稳
$D(Y)$	−4.991	0.000 2	平稳

6.3.4.2 结果分析

基于构建的豆油批零价差模型,对于豆油批发价格和豆油零售价格之间价差(ΔP_2)的影响因素进行实证分析。ΔP_2 作为因变量,豆油人均供给量(S_2)、人均食用植物油购买量(D)、菜籽油和花生油零售价的均值(P_S)、人均可支配收入(Y)、大豆单位生产成本(C)、大豆加工企业员工平均劳动生产率(T)以及外资进入(K)作为自变量。

通过逐步回归,先后剔除豆油人均供给量(S_2)、外资进入(K)、人均可支配收入(Y)、菜籽油和花生油零售价的均值(P_S),得到最终模型(表 6-6),与原模型相比,R^2 基本相同(0.481 相对于 0.491),但调整 R^2 提高了(0.383 相对于 0.242),说明变量对模型的拟合度提高。

表 6-6 豆油批零价差模型估计结果(逐步回归)

变量	系数	标准误	T 值	P 值
β_0	5.609	2.179	2.57	0.020
D	2.797	1.172	2.39	0.030
C	−2.507	0.726	−3.45	0.003
T	0.357	0.159	2.24	0.039

根据表6-6可知，显著影响豆油批零(WR)价差的因素与大豆和豆油批发(FW)价差的影响因素存在很大差异：首先，在显著变量上，人均食用植物油购买量(D)和豆油生产企业员工平均劳动生产率(T)对两个价差影响均显著，但豆油供给量(S_2)不显著影响豆油批零价差，同时大豆单位生产成本(C)是影响豆油批零价差重要因素，但对大豆和豆油批发价差影响不显著；在正负关系上，人均食用植物油购买量(D)、豆油生产企业员工平均劳动生产率(T)对大豆和豆油批发价差均是负向影响，但对豆油批零价差显著正向影响。

其中，人均食用植物油购买量(D)对豆油批发零售(WR)价差的正向影响在5%水平上显著。人均食用植物油购买量一定程度上代表人均豆油的需求量，当消费者豆油需求量增加会带动豆油零售价和批发价不同幅度的上涨，但通常情况下，豆油零售价格对消费者需求变动相对豆油批发价格更敏感，从而豆油零售价格增长幅度会大于豆油批发价格上涨幅度，从而批零价差增大，这与预期相符。

豆油生产企业员工平均劳动生产率(T)对豆油批零(WR)价差的正向影响也比较显著，符合预期。豆油生产企业员工劳动生产率的提高即豆油加工成本的下降会相应降低豆油的批发价和零售价，但豆油批发价格对豆油生产企业员工劳动生产率变动比豆油零售价格更为敏感，从而拉大豆油批零价差，与劳动生产率(T)对豆油和大豆批发价差的影响正好相反。

大豆单位生产成本(C)对豆油的批发零售(WR)价差产生显著负向影响，符合预期符号。原材料生产成本的增加会导致整条产业链上不同主体的成本不同程度的增加，从而表现在不同环节中出售价格不同程度的提高，但豆油批发价格相对豆油零售价格对大豆生产成本变动更为敏感，从而豆油批发价格上涨幅度大于豆油零售价上涨幅度，因此豆油批零价差减少。

根据理论基础和模型建立的过程：豆油人均供给量(S_2)对豆油批发零售(WR)价差应存在负向影响，因为豆油供给量的增加会引起豆油批发价和零售价的降低，但豆油零售价相对豆油批发价对豆油供给量变动更为敏感，从而WR价差缩小。但本文模拟过程中此变量并不显著，说明豆油零售价格对豆油人均供给量的反应与豆油批发价格不存在显著差异。

替代产品的加权零售价格(P_S)理论上应该会对豆油零售批发零售价差有正向影响，因为替代产品价格上升或人均可支配收入提高，则豆油的需求量增加，豆油零售价格随之上涨，且豆油零售价格对其变化反应程度比豆油批发价格更敏感，因此豆油零售价格上涨幅度会大于豆油批发价格上涨幅度，由此导致 WR 价差增大。但统计结果并不显著，可能的原因是一方面序列样本不足，能够纳入模型中的变量相对有限，而以上变量的影响相对较小而被剔除；另一方面，居民人均可支配收入提高，增加了更多高档食用植物油的需求，但对大宗食用植物油的豆油需求影响并不显著。

从市场的角度来看，外资的进入(K)对 WR 价差的影响不明确，根据结果，外资对 WR 价差影响不显著，说明外资虽然一定程度上改变了我国大豆市场的结构，但并没有达到垄断地位。

6.4 主要结论及政策建议

本章主要采用逐步回归法，从供给、需求、成本和市场四个角度分析了影响大豆和豆油市场纵向价格价差(大豆和豆油批发价差以及豆油批零价差)的影响因素。

6.4.1 主要结论

根据价差估计结果可得以下结论：

(1)大豆人均供给量(S_1)、大豆单位生产成本(C)、外资(K)对大豆和豆油批发(FW)价差影响并不显著。

(2)豆油供给量(S_2)、人均食用植物油购买量(D)和豆油生产企业员工平均劳动生产率(T)是大豆和豆油批发(FW)价差的主要因素。其中，豆油供给量(S_2)对大豆和豆油批发(FW)价差存在显著正向影响，但人均食用植物油购买量(D)和豆油生产企业员工平均劳动生产率(T)是显著负向影响。

(3)影响豆油批零(WR)价差的主要因素与大豆和豆油批发(FW)价差存在很大差异，豆油人均供给量(S_2)、外资进入(K)、人均可支配收入(Y)、菜籽油和花生油零售价的均值(P_S)对豆油批零价差影响不显著。

(4)人均食用植物油购买量(D)、豆油生产企业员工平均劳动生产率(T)对豆油批零(WR)价差显著正向影响，同时大豆单位生产成本(C)是豆油批零(RW)价差的主要影响因素，并显著的负相关。

6.4.2 政策建议

根据以上结论可以提出以下相关的政策建议：

(1)大豆种植户是大豆产业链中利益损失最大的主体，政府应加大对大豆种植户的保护力度，进一步完善目标价格政策，切实保障大豆种植农户利益。同时，考虑进口大豆对我国国产大豆的冲击，可通过增加大豆进口关税，调整相应进口政策，在满足进口需求的同时，保护我国大豆种植户的利益以及大豆产业安全。

(2)人均食用植物油购买量(D)对大豆和豆油批发价差产生负向影响，对豆油批零价差产生正向影响。因此，可通过加强豆油营养与食用知识的宣传，增加消费者对豆油的需求，调整大豆和豆油产业链上的利润分配，提高市场流通效率。

(3)对豆油生产企业提供技术培训或生产补贴，降低大豆生产成本，提高其员工劳动生产率，以减少大豆和豆油批发价差，提高豆油批零价差，将分配到豆油生产企业的利润适当转移给豆农和豆油零售商，从而实现大豆产业链上利润的合理分配，更好保护生产者和消费者利益。

(4)虽然外资对于大豆和豆油市场的纵向价格价差并未表现出显著影响，但其占我国大豆和豆油市场的份额不容小觑，为保护我国大豆产业的健康发展，应加强对外资进入的监管，构建外资进入大豆产业的安全审定机制，并尽快制定适合大豆产业特点的反垄断实施细则。

6.5　本章小结

本章基于供给需求理论以及 Brester 和 Marsh(2001)提出的肉类“农户—批发”价差模型(FW)以及 Marsh 和 Brester(2004)提出的牛肉和猪肉的“零售—批发”价差模型(RW)，并结合我国大豆市场的实际情况，从供给、需求、成本和市场四个角度，分别分析我国大豆产业链上“大豆批发价—豆油批发价”和“豆油批发价—豆油零售价”的价差影响因素，并将两个价差的不同影响因素进行对比分析，分析原因并提出相应的政策建议。

第7章　我国大豆供给反应实证分析

大豆产业是国民经济的重要组成部分，近年来，我国大豆需求和进口量快速增长，但国内大豆生产却没有表现出与此相应的趋势，反而大豆种植面积逐渐减少。2014年全国大豆播种面积比2005年高峰时减少29%。为了满足日益增长的大豆消费需求，减小我国大豆对外依存度，必须保证甚至提高国内大豆的供给。本章选取全国10个主要的大豆主产区，研究其大豆生产者的价格预期过程，分析大豆播种面积对价格、替代作物收益以及政策等相关因素的反应程度和速度，并计算出大豆供给的短期和长期价格弹性，这对于了解全国大豆供给特征，保障国内大豆供给安全具有重要的现实意义。

7.1　文献回顾

7.1.1　关于供给反应的模型研究

基于农户是"理性人"的假设，国内外学者对农户关于农产品的供给反应进行了大量的研究。但事实上，农户的决策行为具有复杂性，往往很难准确掌握影响农户决策行为的所有因素以及决策过程。在长期的研究过程中，大多数学者将价格预期看成是影响农户生产决策的主要因素。因此，分析农作物供给反应的前提是如何合理构建农户的价格预期。国内外学者在价格预期方面给出了很多模型，常用的有幼稚性价格预期模型、外推预期模型、适应性预期模型和理性价格预期模型。

幼稚性价格预期模型最早是由 Muth(1961)提出，以蛛网理论为基础发展而来。蛛网理论把时间因素引入经济运行模型，借助弹性理论说明市场和价格均衡的形成及其变化过程，主要分析农产品价格与产量的变动。其基本假设是本期产量决定本期价格，本期价格决定下期产量。

分析农产品动态供给反应的开创性贡献源于 Nerlove(1956)的适应性预期模型，在该模型中，预期价格为上期价格的函数。Nerlove 认为农户是根据新的预期价格条件下的期望数量对生产进行部分调整。由于考虑了农民对价格的预期和生产的动态调整过程，过去的几十年，大量农产品动态供给反应的经验研究都借鉴了 Nerlove 的适应性预期和局部调整模型，也取得了符合实际的结果。但一些批评者指出单凭价格并不能完全解释农业的供给行为，农业生产者的生产调整行为还受到价格之外多种复杂因素的影响，包括政策、气候、土地质量、技术水平和基础设施等，而这些因素中有很多很难并入方程中接受检验。

还有学者指出 Nerlove 模型有一系列特定的前提假设，不能把因投资因素导致的播种面积的增加和因收获产量决定的播种面积的增加区分开来，而且多年生作物的供给反应方程和一年生作物是不同的。为此，便提出了 Wickens 和 Greenfield 模型。该模型同 Nerlove 模型不同之处在于其是在特定的约束条件下推导出存货调整需求方程的，适合研究多年生作物的供给反应。

近年来，也有学者试图运用计量经济模型分析中国农作物产量对价格变化的反应。Colin Carter 和 Fu-Ning Zhong(1991)等就运用比较优势理论，对我国农民的粮棉生产进行了开创性研究，以五个棉花主产省的棉花生产为例，分析了上一年的粮棉收益比对棉花生产决策的影响。研究表明，在超购、议购比重大，农民生产自主权有限的情况下，农民也会对粮棉的收益差异做出反应，按照比较优势争取最大收益。

杜为长和科尔曼(1997)考虑到在中国，一种作物播种面积的增加伴随着其他作物播种面积下降的实际情况，为了更确切地估计出各种农作物的自身价格和交叉价格弹性，利用塞尔(Theil,1969)的分配系统模型，用我国北方四省四种主要农作物1979—1991年间的播种面积数据估计了这些地区播种面积对价格变化的反应，研究结果表明作物之间播种面积的分配对价格的变化是有反应的。

7.1.2 农产品供给反应的实证研究

国内外关于农产品供给反应的研究，讨论价格影响的居多。早期，学术界对此存在两种截然相反的观点。一种观点认为粮食价格对农民的供给反应并没有明显的影响。Lipton(1968)认为传统农业中的农民对粮食等农产品价格反应并不敏感，农民为规避风险不愿去追求高收入。Schluter和Mouni(1976)对印度苏拉特的农作物种植结构选择研究表明，农民生产决策对价格反应也不敏感，农民并没有追求利润最大化。另一种观点认为传统农业中的农民生产行为是理性的，农民会根据粮食价格波动来调整其种植面积和总产量。Hopper(1965)运用C-D函数对印度北中部43个农场的4种生产方式中4种主要投入的边际生产量进行估计，表明农民的生产行为是有效率的。舒尔茨(1987)认为发展中国家传统农业中的农民尽管文化程度普遍不高、生产水平低下，但其生产行为是理性的，对价格刺激是敏感的。

在肯定预期价格对农产品供给反应具有一定影响的情况下，国外不少学者又加入了其他相关因素，对农产品供给反应进行动态分析。Nowshirvani(1968)研究了1952—1964年印度41个地区水稻、小麦、大麦、糖料和花生播种面积对价格波动的反应。Askari和Cummings(1977)对1956—1977年间大量的基于Nerlove模型，或在其模型基础上加以改进的粮食价格方面的研究进行了总结，发现绝大多数发达国家和发展中国家粮食生产对价格是有反应的，并且各不相同。Francis和Russell(1997)对多个供给反应模型进行比较分析，探究农业供给反应的可变性原因。Yan Liang等(2011)利用面积供给反应模型考察东南亚主要农作物的供给反应因素，研究结果表明玉米、棉花和大豆的供给弹性分别为0.67,0.506和0.195，与其他地区的研究结果相比，玉米和棉花面积变动对价格变化的反应更强，大豆较小。

国内在农产品供给反应研究方面，大多采用Nerlove模型对不同农产品进行研究。王秀清,程厚思(1998)运用Nerlove模型,测算了我国蔬菜的供给反应程度,结果表明,蔬菜播种面积对价格变动的反应较为迟钝。王德文、黄季焜(2001)建立双轨制度下3种不同的供给反应模型,来评价粮食的定购价格和数量是否影响粮食的供给。司伟,王秀清(2006)主要针对糖料收购价格,分阶段地应用Nerlove模型与Wickens和Greenfield模型,分别测算并对比了不同经济背景下糖料生产的供给反应。王永刚等(2006)以油料种植面积为因变量构造供给反应模型,测算了大豆、油菜籽、花生等3种主要油料作物对价格变化的反应程度,结果表明,主要油料作物的种植面积受价格变动的影响非常显著。钟甫宁等(2008)对中国棉农播种面积决策进行了经济学分析,发现棉农播种面积决策受棉花与替代作物预期相对价格、预期相对单产以及已往决策的影响。罗锋(2009)运用Nerlove模型,采用1978—2007年粮食价格和粮食播种面积的年度数据,对我国粮食供给反应进行了实证分析,结果表明,我国粮食播种面积不能根据粮食价格变动做出迅速调整。马文杰、冯中朝(2009)和王宏(2010)用时间序列数据分别测算了我国小麦和玉米播种面积对价格的反应。林建中等(2011)构建了中国稻谷面积的供给反应模型,考察面积对自身价格、生产成本的反应。范垄基等(2012)研究了三大粮食作物的面积供给,模型采用了2001—2010年稻谷、小麦和玉米的主产省份的面板数据,构建了面板数据回归模型,考察自身价格、替代作物价格、灌排渠系建设里程,以及农业补贴政策对面积调整的影响。张明杨等(2014)借鉴Nerlove模型,基于预期相对净收益的视角,建立一个省际的动态面板模型,探讨土地资源稀缺条件下中国农户玉米播种面积决策的影响因素,研究发现影响农户玉米播种面积决策的主要因素是农户对玉米未来相对净收益的预期,以及农户以往的播种决策,而预期相对利润由预期相对价格、预期相对单产和预期相对成本共同决定。

国内学者关于大豆播种面积的实证研究已经不少,主要以比较优势理论为基础,然后在一般化Nerlove供给反应模型的基础上添加或删减适当的变量作为最终的实证模型。王济民(2000)以商品的供需理论为基础,在幼稚预期理论的基础上构建了一个一般化的Nerlove供给反应模型,对由全国组成的混合截面数据用最小二乘法进行回归,结果发现我国的大豆播种面积受大豆与玉米比价变动的影响非常显著。喻翠玲(2006)运用了1990—2001年大豆、玉米、小麦的相关数据,先构建了仅考虑大豆自身价格与种植面积的Nerlove模型,又构建了考虑到相关农产品价格的Nerlove模型,用广义最小二乘法(GLS)和似乎无关联的分析方法(SUL)处理异方差和自相关的问题,结果显示大豆自身价格对其种植面积有显著的正效应,而相关农产品的价格对大豆的种植面积有显著的负效应。此外,作者还比较种植大豆和其他可供选择作物的净收益,对比农户的种植选择,证实大豆生产成本和收益仍是影响主产区大豆种植规模的主要因素。杨振华(2012)利用Nerlove供给反应模型,建立了大豆种植面积与大豆产值和玉米产值的产值反应模型和大豆利润与玉米利润的利润反应模型,分析了大豆种植面积受大豆和与其具有竞争关系的玉米的产值和利润的影响。吕开宇等(2013)在Nerlove模型的基础上,利用2005—2007年农户微观数据,分析了水稻、小麦、玉米、大豆四种主要粮食作物种植户,尤其是贫困种植户应对粮价上涨的生产反应行为。结果表明,在目前农产品市场开放程度日益提高的新阶段,相对于玉米和大豆生产,农户种植水稻和小麦的行为较为稳定,即使价格上升,小麦种植户也不会轻易大规模调整其种植面积或生产投入水平,贫困种植户则因为生产性资产不足而表现得更为谨小慎微。朱思柱,周曙东(2014)根据1983—2011年中国9个大豆主产省份的面板数据,基于预期相对收益,运用扩展的Nerlove供给反应模型对中国大豆的供给反应弹性进行了实证分析。结果表明:大豆面积和产量的供给弹性对大豆的相对收益变化的反应程度要强于对绝对收益的反应;越是以大豆收入作为主要农业收入来源的地区,对于大豆相对收益的变化反应越敏感,供给反应弹性越大。林大燕,朱晶(2015)通过建立Nerlove模型,利用1978—2011年的数据分析了我国稻谷、小麦、玉米、大豆、油菜籽和棉花等六种农作物种植结构变化的主要影响因素及原因。结果表明,上期供应和上期自身价格是影响主要农作物种植结构的主要因素,价格变动对农产品供应具有正向影响,但影响程度因品种、地区及时间跨度而异;大部分农作物在主产区的生产短期内对价格变化的反应不如全国总体显著,粮食作物短期供应弹性小于经济作物。

7.1.3　研究现状述评

总之，国内外学者关于农产品供给反应的研究较为丰富，为本研究提供了方法上的指导。在研究对象方面，有对玉米、小麦、稻谷等粮食作物进行的分析，也有对大豆、蔬菜、棉花、油籽、糖料等作物的分析；有对单一产品的分析，也有对多种产品的比较分析；有从全国总体角度的分析，也有从主产区角度的分析。在计量模型的选择上，大多数研究采取基本的 Nerlove 模型形式，考虑的影响因素局限于价格、面积和替代作物的影响，近年来也有学者在此基础上进行了一些拓展，加入了成本、单产、政策等其他因素。从数据使用上，一些学者采用时间序列数据对全国或具体省市的农产品供给反应进行了动态分析（李锁平等，2006）。一些学者采用面板数据研究全国层面上农产品的供给反应，有的利用省际数据研究单一作物的供给反应（钱文荣等，2015）；有的则利用省际数据对比多种作物的供给反应；有的对单一作物的种植区域进行划分，研究不同区域作物供给反应的差异（邵飞等，2010；李丹等，2012）；还有的综合以上研究特点，同时对农产品的供给反应进行了作物间和区域间的比较（董国新，2007）。还有学者通过调研数据，采用 Nerlove 模型，对农产品的供给反应进行分析（王莉等，2010；宋雨河，武拉平，2014）。

综上所述，在对农产品供给反应的研究中，Nerlove 模型是迄今为止应用最为广泛、最成熟的模型。本文在借鉴前人研究成果的基础上，综合考虑了价格、面积、替代作物收益、政策等因素，利用扩展的 Nerlove 模型对我国大豆供给反应进行实证分析。并对模型中替代作物收益进行加权处理，弥补现有对大豆供给反应研究大多只选取一种替代作物的不足，另外加入代表临时收储政策的虚拟变量，从而为我国取消大豆临时收储政策，实行目标价格政策提供实证支持。

7.2　理论模型

Nerlove 模型同时考虑了适应性预期与局部调整理论两方面的特征，假定农户根据预期价格调整种植面积或产量，以对外部刺激做出反应。在衡量预期价格时考虑到离当期较近的几组价格，并依据时间的远近分配不同的权重。具体以生产者对前期价格的预期和前期实际价格之差作为生产者调整生产的依据。

Nerlove 模型的核心部分由以下三个方程组成：

$$A_t^e = a_0 + a_1 P_t^e + a_2 Z_t + \mu_t \tag{1}$$

$$A_t - A_{t-1} = \delta(A_t^e - A_{t-1}) \tag{2}$$

$$P_t^e - P_{t-1}^e = \beta(P_{t-1} - P_{t-1}^e) \tag{3}$$

其中，A_t 和 A_t^e 是 t 期的实际供应量和预期供应量，P_t 和 P_t^e 是 t 期的实际价格和预期价格；Z_t 是 t 期影响供应量的其他外生变量；参数 δ 和 β 分别表示预期价格调整系数和预期供给调整系数，而且 $0<\delta\leqslant 1$，$0<\beta\leqslant 1$；μ_t 是随机误差项。

为了用 Nerlove 模型估计供给反应，需要消除方程中的不可观测变量 A_t^e 和 P_t^e，将(3)式反复迭代，可得到 P_t^e 的表达式为：

$$P_t^e = \beta \sum_{i=1}^{t} (1-\beta)^{i-1} P_{t-i} \tag{4}$$

由(1)，(2)，(4)式整理可得：

$$A_t = b_0 + b_1 A_{t-1} + b_2 \sum_{i=1}^{t} (1-\beta)^{i-1} P_{t-i} + b_3 Z_t + V_t \tag{5}$$

其中，$b_0=\delta a_0$，$b_1=1-\delta$，$b_2=\delta\beta a_1$，$b_3=\delta a_2$，$V_t=\delta\mu_t$。由(5)可知，当 $i\geqslant 2$ 时，P_{t-i} 前的系数接近 0，因此 Nerlove 模型的一般最简形式为：

$$A_t = b_0 + b_1 A_{t-1} + b_2 P_{t-1} + b_3 Z_t + V_t \tag{6}$$

7.3 变量选取及数据来源

7.3.1 大豆主产省的选取

大豆是生命力极强的作物，除青海、西藏等少数地区外，我国大豆的种植范围几乎覆盖了其他所有省份地区。根据光照、热量和水分的不同，我国大豆的种植区域划分为北方一熟春播大豆区（东北春播大豆区，北部高原春播大豆区、西北春播大豆区）、黄淮流域复种夏播大豆区（冀晋中部夏、春播大豆区，黄淮流域夏播大豆区，长江流域夏、春播大豆区）和南方夏种多播期大豆区（东南部秋、春播大豆区，中南部春、夏、秋播大豆区，西南部高原春播大豆区，华南复种多播期大豆区）共三大区域、十个局部区域。

在大豆种植面积较大的省区，大豆的商品率较高，农民种植大豆的行为很容易受到市场的影响，而在大豆种植面积较少的省区，大豆商品率低，大豆主要是农民自给自足的作物，因此大豆种植受到价格等市场因素的影响较小。因此，本书对全国大豆供给反应的研究主要选取大豆主产省作为研究对象。

大豆主产省的选择依据主要是大豆的产量。根据第2章我国大豆生产情况的分析可知，我国大豆主产省区主要有黑龙江、吉林、辽宁、内蒙古、河北、山东、河南、安徽、山西和陕西十个省份。大豆主产省主要分布在北方一熟春播大豆区和黄淮流域复种夏播大豆区。这两个区域的十个省区大豆产量在各个主要年份占到了差不多全国大豆产量的80%左右，具有非常强的代表性。

7.3.2　因变量的选取

由于在Nerlove模型中，因变量A_t是t时期产品的实际供应量，因此在研究农作物的供给反应时，针对不同的研究角度，因变量可以从作物的播种面积、总产量以及单产这三个方面进行选择。本文选择大豆的播种面积作为因变量，因为总产量和单产都容易受到气候、自然灾害和其他一些偶然且不可控因素的影响，而且播种面积是农户种植行为选择的最直观结果。

7.3.3　自变量的选取及处理

1.滞后一期大豆种植面积

基于土地资产专用性、农业投入要素限制、自然条件制约等客观因素以及农户种植习惯等主观因素，滞后一期大豆的种植面积很大程度上影响了当期大豆的种植面积。在经典Nerlove模型中，当考虑农作物本期播种面积的供给时，滞后一期的种植面积是十分重要的影响因素，因为滞后一期的种植面积在一定程度上也体现了农户通过对以往价格、成本、收益等因素的预期而做出的决策,其作为自变量隐性地包含了之前各个时期各种因素对当期大豆种植面积的影响。

2.滞后一期大豆单价

供给经济学理论、“蛛网”模型理论以及大量的实证研究结果表明,农产品的自身价格对其供给有着十分显著的影响。考虑到种植面积对价格变动的反应存在滞后性,本文选取滞后一期的大豆单价作为影响大豆种植面积的重要自变量。

3.滞后一期替代作物单位面积纯收益

需要特别说明的是,由于土地资源的稀缺性,种植大豆的机会成本就是种植其替代作物的收益,多数研究证实了替代作物的收益会显著影响农作物的供给。在我国主要的大豆主产省区,大豆的替代作物各有不同,单纯研究某一种替代作物不科学。本文参考钟甫宁等(2008)计算替代作物价格的方法,以主要替代作物的总播种面积占所有替代作物总播种面积的比重作为权重,对大豆替代作物的单位面积纯收益进行加权求和,得到替代作物的单位面积纯收益,然后将滞后一期的替代作物单位面积纯收益纳入模型。

对各省替代作物的单位面积纯收益按照公式(7)进行加权处理,得到替代作物的单位面积纯收益,具体公式为:

$$TR_t = \sum_{s=1}^{n} \left(TR_t^s \times \frac{A_t^s}{\sum A_t^s} \right) \tag{7}$$

其中,TR_t 是 t 时期加权后得到的替代作物的单位面积纯收益,TR_t^s 是 t 时期某一种替代作物的单位面积纯收益,$\sum A_t^s$ 是 t 时期选定的替代作物的总种植面积,A_t^s 是 t 时期某一种替代作物的种植面积。

大豆的替代作物的选择标准是那些与大豆种植有相同的生长季节,对土壤、水资源、环境等要求差不多的作物。而且由于我们选择的是大豆主产省,所以和大豆有替代关系的作物主要是在大豆主产省有大面积种植的作物(蒋秋林,2010)。根据这两个条件,通过对大豆主产区十个省的分析,分别得到各个省区大豆的替代作物如下：黑龙江、辽宁和吉林三个省份，大豆的替代作物主要为水稻和玉米；内蒙古大豆的替代作物主要为小麦和玉米；安徽、河北、山西和陕西四个省份，大豆的替代作物主要为玉米和棉花；河南和山东两个省份，大豆的替代作物主要为玉米和花生。

4. 政策虚拟变量

2014 年国家取消了大豆临时收储政策，开始实行目标价格政策。很多研究报告也以此为背景，指出大豆临时收储政策对大豆供给并没有产生促进作用。本文希望分析大豆临时收储政策对大豆供给的作用效果，因此对该政策进行了量化，在 Nerlove 模型中引入政策虚拟变量，主要方法是以大豆临时收储政策实施的年份 2008 年为期限，2008 年之前变量值取 0，2008 年之后变量值取 1，来研究该政策对大豆种植面积的影响。

5. 时间趋势变量

本文在模型中引入了时间趋势变量，用来反映随着时间推移可能发生的诸如社会制度的改变、技术水平的提高、气候的变迁以及自然灾害等因素对大豆播种面积的影响。取 2001 年为 1，至 2014 年为 14。

7.3.4　数据来源

模型数据采用的是全国大豆主产省份在 2001—2014 年期间，关于大豆种植的面板数据。大豆面积数据来源于《中国农村统计年鉴》，大豆单价、各省的替代作物单位面积收益数据来源于《全国农产品成本收益资料汇编》，各替代作物的单位面积收益选取的指标是减税后的净利润。CPI 数据来自于《中国统计年鉴》。

7.4　实证模型构建及结果分析

7.4.1　实证模型的构建

根据上述介绍，本章全国大豆供给反应模型中的因变量选取的是大豆的播种面积，在一般最简形式 Nerlove 模型的基础上，将大豆滞后一期的播种面积、单价、滞后一期的替代作物单位面积纯收益、政策虚拟变量以及时间趋势变量引入模型作为自变量。为了使模型采用的宏观时间序列数据服从线性分布，同时为了使估计结果的残差项服从正态分布，防止残差项出现异方差的问题，对各个变量数据进行了对数化处理，从而保证模型具有较高的拟合优度，短期供给弹性也能直接由回归结果中的模型系数进行确定。由于模型中的自变量多是滞后期的变量且为价值变量，为了避免产生自相关，本文对所选择数据通过 CPI 消除通货膨胀的影响。本文将滞后一期的自变量引入模型，针对全国大豆主产省的大豆供给反应分析所建立的实证模型如下：

$$\ln A_t = a_0 + a_1 \ln A_{t-1} + a_2 \ln P_{t-1} + a_3 \ln TR_{t-1} + a_4 D + a_5 T + \mu_t \quad (8)$$

其中，a_0 为常数项；A_t 是 t 时期的大豆播种面积，A_{t-1}是滞后一期的大豆播种面积；P_{t-1}是滞后一期的大豆单价；TR_{t-1}是滞后一期的替代作物单位面积纯收益；D 是政策虚拟变量，代表对大豆临时收储政策的量化，以大豆临时收储政策实施年份 2008 年为期限，之前取 0，之后取 1；T 是时间趋势变量，取 2001 年为 1，至 2014 年为 14，反映诸如技术进步、气候变迁及政策改革等因素的影响；μ_t 表示对随机误差的描述。根据弹性定义，结合经过对数化处理的模型可知，系数 a_2 为短期供给价格弹性，预期价格的调整系数为 $r=1-a_1$，调整时滞 $n=1/r$，长期供给价格弹性 $\varepsilon_L=a_2/1-a_1$。

7.4.2 实证结果

传统的计量经济学估计方法，例如普通最小二乘法、工具变量法和极大似然法等都存在自身的局限性，即其参数估计量必须在满足某些假设时，比如模型的随机误差项服从正态分布或某一已知分布时，才是可靠的估计量。而广义矩估计方法(GMM)不需要知道随机误差项的准确分布信息，允许随机误差项存在异方差和序列相关，因而所得到的参数估计量比其他参数估计方法更有效。因此，GMM 方法在模型参数估计中得到广泛应用。本章运用 Stata14.0 软件，采用 GMM 方法对所选数据进行了模型分析，回归结果如表 7-1 所示：

表 7-1　模型运算结果

变量	回归系数	标准差	z-统计量	Prob
C	3.302	1.962	1.68	0.092
$\ln A_{t-1}$	0.547*	0.304	1.80	0.072
$\ln P_{t-1}$	0.293*	0.163	1.80	0.072
$\ln TR_{t-1}$	−0.043*	0.026	−1.68	0.094
D	−0.043	0.060	−0.72	0.470
T	−0.039**	0.018	−2.15	0.031

注：*，**，*** 分别表示在 10%、5%、1%的显著性水平下显著。

根据表 7-1 的回归结果，我国大豆的供给反应模型为：

$$\ln A_t = 3.30 + 0.55\ln A_{t-1} + 0.29P_{t-1} - 0.04\ln TR_{t-1} - 0.04D - 0.03T + \mu_t$$

由模型可知，$a_1 = 0.55$，$a_2 = 0.29$，而 a_2 即为短期供给价格弹性，长期供给价格弹性 $\varepsilon_L = a_2/(1-a_1) = 0.64$，预期价格 c 调查系数为 $r = 1-a_1 = 0.45$，调整时滞 $n = 1/r = 2.2$。

7.4.3　结论分析

根据已得到的模型结果，针对全国大豆的供给反应，可以得出我国大豆供给反应有以下几点特征：

第一，我国大豆主产省的大豆播种面积受滞后一期的大豆播种面积、大豆单价以及替代作物单位面积纯收益的影响显著。从模型结果可以看出，滞后一期的大豆播种面积和大豆单价对大豆当期的供给面积影响为正，表明前期大豆面积越大，大豆售价越高，本期大豆面积增加的可能性就越大。滞后一期大豆播种面积的影响之所以显著，可能因为滞后一期的播种面积在一定程度上也体现了农户通过对以往价格、成本、单产、收益等因素的预期而做出的决策，因此对本期的供给也会产生影响。再加上农业生产容易受到资源条件限制，农民的种植习惯不易改变，这些因素都会使得滞后一期大豆播种面积对大豆供给产生显著影响。相反，滞后一期的替代作物单位面积纯收益的影响为负。在价格不变或增长有限的情况下，替代作物的单位面积收益越高，农户越倾向多种替代作物而少种大豆，因此滞后一期的替代作物单位面积纯收益都会对大豆的供给产生负的影响，这也说明农民在进行农作物生产时，更看重经济效益。

第二，时间趋势变量对大豆供给有显著影响，方向为负，但影响结果不大。说明随着时间的推移，全国大豆主产省区的大豆播种面积有逐渐下降的趋势，与现实情况相符。

第三，政策虚拟变量没有通过显著性检验，但可以看出临时收储政策对大豆的供给反应没有达到理想效果，有微弱的反向作用。2008 年，由于进口大豆占据了定价话语权，为了维护豆农的利益，减轻大豆产业受到国际大豆价格与外资企业的冲击，我国出台了大豆临时收储政策。但该政策却未能如预期般有效地稳定大豆主产省区的大豆种植面积。2009—2014 年期间，全国大豆的播种面积逐年下滑，从 919.0 万公顷减少到 680.0 万公顷。出于对大豆种植农户的利益保护，国家实行并不断加强大豆的临时收储政策，然而却忽略了当前国内大豆市场与国外大豆市场紧密相连的局势。在这样的情况下，国内实行的收储政策会抬高国内市场的大豆价格，使得国内大豆价格远远高于国外的大豆价格。国内大豆的高价使得大豆加工企业望而却步，采用进口大豆生产又受到多重限制，面临破产的局面。同时国产大豆销售受到阻碍，政府的收购有限，很多大豆最后又囤积到农民手中。因此，大豆临时收储政策并没有如预期般地提高大豆生产者的收益、稳定大豆主产区的大豆种植面积，反而造成了政府财政负担加重的尴尬局面。

第四，全国大豆主产省区大豆的预期价格。根据模型系数，结合 Nerlove 模型中预期价格系数的计算方法，可知在本研究中，全国主产省区大豆供给反应的预期价格系数为 0.45。预期价格系数 r 的取值范围为 0～1，r 越接近 1，说明生产者在预计本期大豆价格时，主要受到上一期大豆价格的影响；r 越接近 0，说明生产者在预期本期大豆价格时，主要受到以往多期大豆价格的影响。本研究大豆的预期价格系数为 0.45，说明全国大豆主产省区的豆农对大豆播种面积的决策受到以往多期大豆价格的综合影响。而豆农根据大豆预期价格的变动调整大豆播种面积的时间，从计划到实施需要2.2年。也就是说，全国大豆主产省区的大豆生产者在调整大豆种植面积时，不会只考虑当年或上一年的大豆价格，至少会考虑3年的大豆价格。

第五，全国大豆主产区大豆供给的价格弹性。根据模型系数，结合Nerlove模型中农作物价格弹性的计算方法，可知在本研究中，全国大豆主产区大豆的短期价格弹性为0.29，说明在短期内，大豆面积变动的幅度与大豆价格变动的幅度的比值仅为0.29，价格变动所能引起的大豆供给的变动很小；而全国大豆主产区大豆的长期价格弹性为0.64，说明在长期内，大豆面积变动的幅度与大豆价格变动的幅度的比值为0.64，长期价格弹性高于短期价格弹性，但也并不明显。由此说明在我国，由于大豆作物本身性质以及资源条件限制，其播种面积总体上对价格的反应程度并不敏感。在短期内，农户由于资源条件和能力限制，不能根据价格对播种面积进行及时调整，此外由预期系数可看到农户在调整大豆种植面积决策时会考虑以往多年的大豆价格，因此大豆的短期价格弹性不高；在长期内，农户根据价格进行大豆播种面积决策的反应度会有一定程度的加强，但效果并不明显。其原因可能是在黑龙江、吉林和辽宁这些省区，大豆种植历史悠久，其大豆种植具有较强的传统性，大豆的种植会受到客观条件和农户主观意识的多种因素的影响。因此，在长期内，价格对大豆供给产生的促进作用比短期有所增强，但农户自身的条件以及这些省份整体的大豆生产格局使得这一促进效果并不十分明显。总体上来说，全国大豆主产省区的大豆播种面积对价格的反应程度并不敏感，存在一定的时滞性。

7.5　政策建议

根据以上实证分析，为了更好地保障我国的大豆供给，应采取以下政策措施：

1.坚持并完善大豆目标价格政策，提高豆农种植收益

从实证分析结果中，可以看到大豆当期播种面积受到滞后一期大豆单价显著的正向影响和滞后一期大豆替代作物单位面积纯收益显著的负向影响。

因此，要想稳定大豆种植面积不下降，甚至提高大豆的种植面积，政府应加大对豆农农资上的补贴以及良种补贴，以便降低大豆的种植成本，提高大豆种植的竞争优势，从而确保农户种植大豆的收益，提高豆农的种植积极性。同时坚持并完善大豆目标价格政策，加强政策的宣传力度，监管政策的实施过程，保障政策的实施效果。

2. 大力研发高产优质的大豆种子，加强农业科技推广力度

通过研究可以发现，自 2001 年开始，随着时间的推移，我国大豆种植面积总体上呈现波动中上涨趋势，只是近几年由于气候异常、进口大豆冲击等原因使得大豆种植面积下滑严重。因此，政府应继续大力开展农业科技推广工作，研发高产优质的种子资源和环保高效的农业物资，一方面可以降低大豆的生产成本，另一方面也可提高国产大豆在市场上的竞争优势，促进国内大豆的供给。

3. 加强大豆价格信息平台建设，提升豆农获取信息能力

研究结果表明大豆价格确实对大豆的供给产生了促进作用，但是农户在短期内不能及时对价格做出生产决策的调整，因此政府应加强对大豆价格信息平台建设，使生产者及时获取市场信息，同时加大对大豆生产者的培训，提高豆农对价格信息的认知度和判断力，增强生产者对大豆价格的反应能力，从而缩短豆农生产决策对价格变化的时间，有效促进大豆的供给。

4. 保障价格支持政策的稳定性和连续性

研究表明我国大豆生产者具有根据价格变化调整生产规模的能力，但目前，农户根据价格进行大豆播种面积决策还存在一定的时滞性，因此政府要确保相关政策的稳定性和连续性，保证农户做出合理的价格预期，进而做出理性的生产决策，保障大豆的供给。

7.6 本章小结

本章通过 Nerlove 模型，根据 2001—2014 年全国大豆主产省区大豆生产种植的相关数据，建立全国大豆供给反应模型，研究了大豆供给变化对价格、面积、替代作物收益、政策以及时间的反应程度和速度。得到以下结论：①我国大豆的播种面积受滞后一期大豆播种面积和滞后一期大豆单价的显著正向影响；受滞后一期替代作物单位面积纯收益的显著负向影响；②从2001年起，全国大豆主产省的大豆播种面积随着时间的推移，出现不断下滑的趋势；③2008年出台的大豆临时收储政策对大豆的供给反应没有达到理想效果，未能有效地稳定大豆主产省区的大豆种植面积；④全国大豆主产区的大豆种植户在决策大豆播种面积时主要受以往多期大豆价格的影响，豆农在调整大豆种植面积时，不会只考虑当年或上一年的大豆价格，至少会考虑3年的大豆价格；⑤我国大豆供给对价格变化的反应并不敏感，短期价格弹性为0.29，说明在短期内，农户由于资源条件及能力限制，来不及对价格作出反映，从而及时调整大豆种植面积；长期价格弹性提高到0.64，说明在长期内，农户根据价格进行大豆播种面积决策的反应度会有一定程度的加强，但加强幅度不高。

第 8 章　农户大豆种植决策及意愿分析
——基于黑龙江省的实地调研数据

8.1　问题的提出

从第 7 章的分析结果可以看出，农户根据大豆价格来调整大豆种植面积的反应并不强烈，那么农民在进行大豆种植决策时主观考虑的因素到底有哪些？2014 年在东北试点的大豆目标价格政策的实施情况又如何？该政策对农户种植大豆决策是否有显著影响？对于提高农户种植大豆积极性，保障大豆供给有哪些办法？这些都是亟待解决的问题。本章以我国最大的大豆主产区及目标价格试点省份之一黑龙江省为例，利用实地调研数据，用实证模型分析黑龙江省农户大豆种植决策的影响因素。

8.2　文献综述

8.2.1　农户种植意愿的影响因素分析

近年来，农户的种粮意愿问题受到国内外学者的广泛关注，出现了不少有价值的研究成果。国外很多学者认为农户的种植意愿很大程度上取决于农户的风险态度。J. Edward Taylor 和 Philip L. Martin(2001)通过研究发现，非农收入的增加提高了家庭收入，从而减轻农业风险压力，促进农民进行农业生产。Mette(2004)认为风险态度和年龄、经验、文化水平、性别、教育程度等个体特征有关，从而也影响了农户的种植行为决策。Ma. Lucila A. Lapar 和 Simeon K. Ehui(2004)研究了菲律宾高原上农民采用新草料的影响因素，结果表明农户收入越高、越容易获得贷款，农户对新草料的使用意愿越高。Payne，Fernandez-Cornejo 和 Daberkow(2003)研究了农户种植抗食根虫 BT 玉米的意愿，结果显示户主年龄、农场面积、食根虫损失估计、当前治虫手段选择、是否种植抗欧洲钻孔虫玉米和农户非农业劳动时间对种植意愿影响统计显著，而轮种、免耕技术采用情况和户主受教育程度不影响种植意愿。

国内此类研究较多，有从粮食总体的研究，也有针对某种作物的研究。周清明(2009)通过对农户种粮意愿及影响因素分析发现粮食价格、种粮规模、产业化组织程度、农民年龄、受教育程度、农资价格等存在相关关系。陈雨生等(2009)建立计量经济模型分析最终变量对农户有机蔬菜生产意愿的影响，研究认为加大对菜农无公害认证蔬菜生产技术培训投入、加强对农药和化肥销售点监管、完善质量安全认证监管机制可以增加农户生产无公害认证蔬菜和有机蔬菜的意愿。刘芳等(2010)对广东省油茶种植农户生产意愿的研究结果表明，食品质量监管机制、农民的质量安全责任感以及市场前景对农户油茶种植意愿有正向影响，而农民年龄、种植技术障碍对农户种植意愿有负面影响。朱红根等(2010)基于江西省 619 户种粮大户的调查数据，对农户稻作经营代际传递意愿的影响因素进行了分析。宋金田等(2012)以柑橘主产区柑橘种植意愿为研究对象，结果表明柑橘种植农户户主年龄、是否参加过技术培训、从事柑橘种植的年限、是否了解市场行情等因素对农户柑橘种植意愿有显著的影响。孙晓燕等(2012)从土地托管角度研究兼业农户种粮意愿。项朝阳等(2014)以计划行为理论为依据，加入种植习惯这一新变量，构建了农户安全蔬菜种植意愿模型。通过对湖北 226 家农户的调查研究发现，种植态度、主观规范、知觉行为控制和种植习惯对农户安全蔬菜的种植意愿具有显著正向影响。陈艳红(2014)利用黑龙江省 359 个普通水稻种植户的调查数据，对农户优质稻米种植意愿进行计量分析。也有专门针对农户大豆种植意愿的研究，马翠萍等(2011)研究认为播种面积、农业收入占家庭收入的比重、物质投入成本、农业劳动力人数、大豆商品率等指标显著影响农户持续种植大豆意愿;李孝忠(2013)从理论层面探讨农户种植行为选择的内在逻辑,然后从市场认知、外部约束条件角度,实证研究黑龙江省大豆主产市县农户的决策行为。研究结果表明市场与政策认知程度、自然资源限制、农户家庭劳动力、当地市场发育程度等都对农户种植决策行为产生重要影响。

8.2.2 关于农户种植意愿的研究方法

关于农户种植意愿的研究方法,国内外多数采用 Logistic 模型、Probit 模型和 Tobit 模型。David A. Darr 和 Wen S. Chern(2002)选取了涵盖农户种植业生产、农户人口特征、对转基因作物态度和对其优劣势的主观判断这四个方面的变量,用 Tobit 模型回归了各因素和转基因作物种植比例的关系,试图找出影响农户种植 BT 玉米与抗除草剂大豆的因素。Payne, Fernandez-Cornejo 和 Daberkow(2003)利用 2001 年玉米种植农户的 ARMS 数据通过有序 logit 模型分析农户种植抗食根虫 BT 玉米的意愿。国内学者对农户种植意愿的计量分析大多采用 Logistic 模型(周清明,2009;马翠萍等,2011;宋金田等,2012;陈艳红,2014;等等)。李晓萌(2014)运用层次分析法,对洪湖市农户中稻种植决策行为的影响因素进行了定性和定量的分析。还有学者采用描述统计分析的方法对农户种植意愿的影响因素进行了分析(郭晶晶等,2014);杨树果等(2013)也采用相同方法对黑龙江省大豆农户进行了大豆种植面积决策的意愿调查,研究发现黑龙江的大豆种植面积还将继续下降,农户种植规模的缩小幅度比较大。影响农户缩小或退出大豆种植的主要原因是种植大豆的比较效益低、轮作倒茬、降水或气温原因;影响农户扩大大豆种植的主要原因是经济因素、轮作倒茬和种植方便。

总之,关于农户种植意愿影响因素的研究非常多,研究产品涉及方方面面,其中对于农产品种植意愿的研究包含了主要的粮食产品和大豆、蔬菜等重要的农作物。在模型的选取上,一般采用二元 Logit 模型或 Probit 模型,大多针对农户是否种植某一农作物进行分析,而对于农户多项意愿选择的多元 Logistic 分析文献少之又少,仅有的一些也研究不够深入和全面。

8.3　样本区选择及数据说明

8.3.1　样本区选择

本章主要研究黑龙江省农户大豆种植面积变化的行为及意愿情况，因此调研数据样本区的选择主要以大豆播种面积的变化为依据。根据 1986—2014 年黑龙江主要市区大豆播种面积走势情况，首先选择齐齐哈尔市、哈尔滨市和绥化市作为调研城市。齐齐哈尔市一直是黑龙江省大豆主产区城市，1988—2009 年，大豆播种面积呈现波动性上涨，且位居各城市第一。随后，大豆播种面积虽然急剧下降，但仍位居前列；哈尔滨市大豆播种面积在 2004 年之前有幅度较大的提升，但随后播种面积逐年下降；绥化市大豆播种面积较其他主产区城市来说，变化幅度趋于平缓，且在黑龙江省各城市中，大豆播种面积处于居中位置。

其次，在各样本区城市内，根据近年来大豆播种面积情况，选择大豆播种面积较多的市、县作为调研区域。主要有齐齐哈尔的讷河市、哈尔滨的尚志市和延寿县以及绥化的海伦市。然后，同样根据大豆播种面积最多原则选择乡镇，最后根据随机抽样的方法，对农户进行抽样调查。具体样本区为延寿县的延寿、寿山、新村和青川 4 个乡镇，调查农户 69 户；尚志市的马延、长寿 2 个乡镇，调查农户 72 户；海伦市的向荣、共和与永和 3 个乡镇，调查农户 75 户；讷河市的永丰、学田与清河 3 个乡镇，调查农户 54 户。

8.3.2　数据来源

2015 年 7—8 月，在上述样本区内对黑龙江省农户进行了大豆种植情况问卷调查。问卷内容包括六大方面：农户家庭基本情况、大豆生产种植情况、大豆销售情况、参加社会化服务组织情况、大豆目标价格政策认知情况、农户满意度情况。总计获得调查问卷共 270 份，经整理得到有效问卷 264 份，问卷有效率为 97.8%。

8.3.3 样本基本情况

1.受访者基本情况

在调查的264户大豆种植农户中，男性216人，占总量的81.82%，女性48人，占总量的18.18%。在调查中我们发现，很多女性对家庭种植情况并不了解，户主多为男性，且在整个家庭的生产生活决策中占主导地位。受访者年龄分布较为平均，30岁及以下的为少数，占总量的3.79%；主要集中在41～50岁，比例为35.61%；31～40岁和51～60岁的人数相同，都为60人；60岁以上有40人，占总数的15.15%。从受教育程度来看，小学和初中占比都较高，分别为37.12%和35.98%；其次是小学以下，有51人，占总量的19.32%；高中及以上的有20人，占比为7.58%。具体见表8-1。

表8-1 受访者基本情况

特征	项目	数量(人)	比重(%)
性别	男	216	81.82
	女	48	18.18
年龄	30岁及以下	10	3.79
	31～40岁	60	22.73
	41～50岁	94	35.61
	51～60岁	60	22.73
	61岁及以上	40	15.15
受教育程度	小学以下	51	19.32
	小学	98	37.12
	初中	95	35.98
	高中/中专/职高/技校	18	6.82
	大专	1	0.38
	大学本科及以上	1	0.38

2.受访者家庭情况

本文关注的受访者家庭情况主要包括与大豆种植相关的特征集合，包括家庭人口数、劳动力数、务农劳动数、年总收入、种植业收入及大豆收入。从

表 8-2 可以看出，本次调查中，家庭人口数 3～5 人的居多，比重达到 70.07%，其中人口数 4 人最多，占总数的 26.89%；相比之下，劳动力数和务农数则多集中在 2 人，分别占总数的 57.58%和 59.85%，其次是 1 人，比重分别为 16.29%和 21.59%。

表 8-2　受访者家庭人口及劳动力情况

		0 人	1 人	2 人	3 人	4 人	5 人	6 人	6 人以上
人口数	户数(户)	—	4	34	59	71	55	29	12
	比重(%)	—	1.52	12.88	22.35	26.89	20.83	10.98	4.55
劳动力数	户数(户)	—	43	152	37	25	3	4	—
	比重(%)	—	16.29	57.58	14.01	9.47	1.14	1.52	—
务农数	户数(户)	3	57	158	30	12	—	4	—
	比重(%)	1.14	21.59	59.85	11.36	4.55	—	1.52	—

表 8-3 显示，家庭年总收入、种植业收入及大豆收入分布趋势相同，都集中在 5 万元以下，其中年总收入为 111 户，种植业收入为 134 户，大豆收入则高达 233 户。对比 3 种收入情况可以看出，在调查的农户中，家庭年总收入和种植业收入分布差别不大，说明种植业收入为主要家庭收入来源，相比之下大豆收入明显偏低，在家庭种植业收入中比例较低，可知农户种植业收入的主要来源是除大豆之外的其他作物的收入。

表 8-3　受访者家庭收入情况

		5 万以下	5 万～10 万	10 万～15 万	15 万～20 万	20 万以上
年总收入	户数(户)	111	78	45	15	15
	比重(%)	42.05	29.55	17.05	5.68	5.68
种植业收入	户数(户)	134	72	32	11	15
	比重(%)	50.76	27.27	12.12	4.17	5.68
大豆收入	户数(户)	233	23	6	2	—
	比重(%)	88.26	8.71	2.27	0.76	—

8.4 农户大豆种植决策及意愿情况分析

8.4.1 受访者大豆生产情况

被调查的264户农户都种植过大豆,其中有246户农户是自己购买生产资料,只有18户农户会选择与其他农户一同购买生产资料。在大豆品种的选择上,约有78%的农户会根据自己以往种植的经验,选择产量高、销量高的大豆品种进行种植,也有11%的农户会按照种子公司的推荐购买新品种大豆。农户大豆种植的生产资金大多来源于自有资金,占总数的92%,其中有41户还会和农村信用社进行借贷,有27户会和亲戚朋友借贷。除此之外的8%农户中,有17户农户种植大豆的生产资金完全来自农村信用社的借贷,有4户农户靠和亲戚朋友借钱进行大豆生产。在所有受访者中,只有48户农户表示在生产资金短缺时,不能得到银行贷款;另有28户农户完全利用自有资金进行大豆生产,对是否能得到银行贷款不熟悉外,余下的188户农户都表示可以得到银行贷款。这些情况表明,目前黑龙江农户在大豆生产方面,以习惯性种植为主,而且大豆生产具备一定的资金条件。

表8-4显示的是被调查的264户农户2015年大豆种植变动情况。从表中可以看出,缩小面积的农户比重最大,有208户,占总数的78.79%,使大豆种植面积共减少6063.6亩。其中,彻底退出大豆生产的有126户,占总数的47.73%;缩小规模在60%及以上和在30%～60%的农户数量持平,分别有31户和32户。维持大豆种植面积的农户有33户,而扩大大豆种植面积的农户仅有23户,仅占总数的8.71%,增加大豆种植面积986.5亩。其中,2014年没有种植大豆而2015年种植的有4户,占全部调查农户的1.52%。扩大大豆种植规模在100%及以上的有6户,在60%～100%的有4户,在30%～60%的也有4户,在30%以下的有5户。由此可以看出,2015年黑龙江省农户大豆种植积极性不高,大豆种植面积整体仍出现下降趋势,而且种植规模缩小幅度较大,在受访者中约有一半的农户完全放弃种植大豆。

表 8-4　受访农户大豆种植变动情况

农户行为	变动情况	户数(户)	比重(%)	变动亩数(亩)
缩小面积的农户	退出大豆生产的	126	47.73	3 583.9
	缩小规模在60%及以上	31	11.74	1 516.5
	缩小规模在30%～60%	32	12.12	727.2
	缩小规模在30%以下	19	7.20	236
	合计	208	78.79	6 063.6
维持面积的农户	合计	33	12.5	0
扩大面积的农户	新加入种植	4	1.52	199
	扩大规模在100%及以上	6	2.27	270
	扩大规模在60%～100%	4	1.52	170
	扩大规模在30%～60%	4	1.52	261.5
	扩大规模在30%以下	5	1.89	86
	合计	23	8.71	986.5

从影响大豆种植面积变动的原因调查中，总体上看，无论农户选择的是扩大还是缩小，经济效益都是最主要最直接的原因。在缩小大豆种植面积的农户中，有197户农户认为生产大豆比较效益低，比重占所有缩小大豆种植面积农户的91.35%。其中190户农户改种其他经济作物，有2户农户选择外出打工，有5户农户把土地租出，赚取租金。此外，在其他缩小大豆种植面积的农户中，有3户是因为劳动力缺乏，有5户因为去年自然灾害导致大豆产量低的原因，而因为轮作倒茬、加入合作社改种玉米以及租地被收回这些原因缩小大豆种植面积的各有1户。

相比而言，农户选择扩大大豆种植面积的原因较为简单。有13户农户认为由于去年大豆产量和收益低下，大多数农户今年改种玉米，这会导致今年玉米供过于求，玉米价格将会下降，但大豆市场情况则可能相反，出现供不应求的局面，使得大豆涨价，种植大豆可能会增加收入，因此这些农户扩大了大豆的种植面积。另外，轮作倒茬的需要(26.09%)、土地适宜大豆种植(8.70%)和农户租地较多(8.70%)的原因也促使农户扩大了大豆的种植面积(表8-5)。

表 8-5　影响大豆种植面积变动的原因调查

变动行为	原因	户数(户)	比重(%)
扩大面积	经济因素(玉米降价、大豆涨价、收入增加)	13	56.52
	轮作倒茬	6	26.09
	土地适宜	2	8.70
	租地多	2	8.70
	合计	23	100
缩小面积	比较效益低,改种经济作物	190	91.35
	比较效益低,外出打工	2	0.96
	比较效益低,转租土地	5	2.40
	劳动力缺乏	3	1.44
	自然灾害	5	2.40
	轮作倒茬	1	0.48
	加入合作社	1	0.48
	租地回收	1	0.48
	合计	208	100

8.4.2　受访者大豆销售情况

通过对受访农户大豆销售情况调查的统计发现,黑龙江省农户大豆销售方式较为单一,大都采取收购商上门收购的方式。在被调查的农户中,有 233 户农户是通过这样的方式进行大豆销售的,占总数的 88.26%。有 30 户农户采取自己到市场销售的方式,只有 1 户农户是因为加入合作社组织,由合作社统一销售。通过对比收购商上门收购大豆的价格和农户自己到市场销售大豆的价格可以发现,收购价格一般低于市场销售价格,但差别并不大,平均价格分别为 1.89 元/斤和 2.08 元/斤,因此多数农户采取了收购商上门收购的方式销售大豆。

市场信息能否及时地被农户掌握并了解对农户进行合理有效的销售有着重要作用。然而,在所有受访者中,仅有 44 户农户表示他们能及时了解大豆市场信息,约有 83.33%的农户并不能及时了解大豆市场价格信息,只是完全按照收购商给出的收购价格销售大豆。而且农户获得的大豆市场需求信息大多来源于贩销大户和亲友邻居，占受访者总数的 85.61%，没有农户表示能够从村集体、合作组织或政府机构获得大豆市场相关信息。这说明目前黑龙江大豆种植农户对市场信息的了解渠道闭塞，农村领导组织在这方面缺乏对农户的宣传及保护。

受访者中认为销售大豆没有困难和有困难的农户数相差并不大，分别有 111 户和 153 户，分别占总数的 42.04% 和 57.96%。但是在不同的农户大豆种植决策行为中，农户对大豆销售难易度的评价却大有不同(这里的难易度包括大豆是否容易销售以及农户对销售价格是否满意)。在缩小大豆种植面积的农户中，认为销售大豆无困难的有 65 户，而认为去年大豆因为产量低、质量差以及价格低等原因，销售有困难的农户有 125 户，占所有缩小面积农户数的 60.10%，约是认为无困难农户的 2 倍；此外，还有 18 户农户认为销售大豆有很大困难，家中仍有上年囤积的大豆没能卖出。相比之下，在维持大豆种植面积以及扩大大豆种植面积的农户中，认为销售大豆无困难的比例很高，分别达到 75.76% 和 91.30%(表 8-6)。由此可见，农户对大豆销售难易程度的认知和评价对农户大豆种植面积决策行为有着较为显著的影响。

表 8-6　受访农户对大豆销售难易度评价情况

农户行为		无困难	有困难	有很大困难	合计
缩小面积	户数(户)	65	125	18	208
	比重(%)	31.25	60.10	8.65	100
维持面积	户数(户)	25	8	—	33
	比重(%)	75.76	24.24	—	100
扩大面积	户数(户)	21	2	—	23
	比重(%)	91.30	8.70	—	100
合计	户数(户)	111	135	18	264
	比重(%)	42.04	51.14	6.82	100

8.4.3　受访者参与社会服务组织情况

被调查的 264 户农户中，只有 10 户加入了当地农业合作社，而且农民反映合作社并不归村集体所有，而是种粮大户自己组建的合作社，且主要以玉米种植生产为主。加入合作社的10户农户中,有3户农户表示分别受到了合作社向他们提供的农业技术指导和培训、农业机械的租赁以及农资购买方面的帮助,另有3户农户表示加入合作社之后,大家共同种植生产,可以参与分红,而余下的4户农户却表示合作社没有向他们提供任何服务和帮助。针对没有加入合作社的254户农户的原因调查发现,有183户农户对当地是否有农业合作组织并不了解,有33户农户知道当地有农业合作组织,但并不了解加入后会得到什么帮助,有24户农户认为加入农业合作组织需要缴纳费用,而且在农业生产方面接受不到实质性帮助,并不合算,不如自家种植生产。另有14户农户表示很想加入农业合作组织,但因为土地等资源的限制,并没有资格加入合作社。

在农业保险购买方面,被调查的264户农户中有69户购买了农业保险,64户农户的投保金额不超过10元/亩,以3元/亩的投保额度居多,有46户农户表示受灾后可赔偿10元/亩;同时分别有8户和7户农户选择了5元/亩和7元/亩的投保额度,受灾后可获得的赔偿金额15～100元/亩不等;但有4户农户的农业保险投保金额高达30元/亩,保险公司表示受灾后可获得100～200元/亩的赔偿金额。调研区域的农户反应去年农业生产受到了冰雹灾害,大豆和玉米的产量和产品质量都不高,然而在购买农业保险的69户农户中,只有15户农户表示收到了保险公司给予的赔偿,有53户农户还未受到任何赔偿,另外还有1户农户表示遇灾后保险公司把保费退回,表示不予赔偿。我们对没有购买农业保险的195户农户进行了原因调查,有101户农户并不了解农业保险,不知道农业保险如何投保以及遇灾后如何索赔,也不知道农业保险所包含的内容有哪些,有些农户甚至不知道保险公司有农业保险这一服务项目;有63户农户认为购买农业保险,如果没有发生风险感觉并不合算,因此没有购买;有5户农户认为保险费太高;有22户农户表示购买农业保险后,遇灾后不能及时得到赔偿,索赔程序复杂困难,甚至保险公司以各种理由不给赔偿;有3户农户表示当地没有人购买农业保险,因此自己也没有购买;有1户农户表示由于所在地区属于山区,保险公司不给上保险,因此没法购买农业保险。

264户调查农户中,只有49户农户表示当地组织了农业技术培训,但只有15人参加了农业技术培训,有些农民表示自己想参加农业技术培训,但名额有限，一般没有资格参加。所调研区域并没有企业与农户签订了合作关系。

8.4.4　受访者对大豆目标价格政策的认知情况

2014 年 5 月我国实施了大豆目标价格补贴政策，取消了实施六年的大豆临时收储政策，东北和内蒙古被规定为试点。所谓大豆目标价格政策，就是国家根据以往大豆市场行情、预期大豆产量、政策补贴额度等众多情况，首先设立一个目标价格，当市场价格没有达到设定的目标价格时，国家会根据试点地区市场价格与设定的目标价格之间的差价，再综合考虑该地区作物的播种面积、产量以及销售量等因素，计算合理的补贴额度，发放给种植户；当市场价格超过设定的目标价格时，补贴不予发放。具体补贴发放规则和程序由各试点地区根据实际情况制定并向社会公布。目标价格政策弥补了临时收储政策的不足，既保障了农业生产者的收益，又避免了对市场机制的干扰，农产品的供求情况以及市场价格都没有受到直接影响，同时也减轻了政府的财政负担。2014 年 5 月 17 日，国家发改委联合财政部和农业部公布了 2014 年和 2015 年大豆目标价格为 4 800 元/吨。2015 年，黑龙江省预计本地区的大豆现货价格应为 4 320 元/吨，低于设定的目标价格 4 800 元/吨，因此政府需要向农民补贴 480 元/吨。若按大豆平均单产 250 斤/亩来算，大约补贴标准为 60.5 元/亩，因此 2015 年黑龙江省的大豆目标价格政策的补贴标准即为 60.5 元/亩。

调研数据显示，受访农户对大豆目标价格政策的认知度呈正态分布，53.41%的农户表示对大豆目标价格政策一般了解，31.82%的农户表示并不怎么了解大豆目标价格政策，只有 7 户农户表示非常了解大豆目标价格政策。在不同的农户大豆种植决策行为中，农户对大豆目标价格政策的认知度分别有明显的不同。在缩小大豆种植面积的 208 户农户中，只有 2 户农户非常了解大豆目标价格政策；总体中有 32 户农户表示非常不了解大豆目标价格政策，而其中 31 户缩小了大豆的种植面积。在维持大豆种植面积的农户中，多达 96.97%的农户都表示对大豆目标价格政策一般了解，同样，在扩大大豆种植面积的农户中，了解大豆目标价格政策的农户占比较多，共 95.65%；其中，21.74%的农户表示非常了解，73.91%的农户表示一般了解，具体见表 8-7。这说明农户对大豆目标价格政策的了解程度较为显著地影响了农户大豆种植决策的选择。

表 8-7　受访农户大豆目标价格政策认知情况

农户行为		非常了解	一般了解	不怎么了解	非常不了解	合计
缩小面积	户数(户)	2	92	83	31	208
	比重(%)	0.96	44.24	39.90	14.90	100
维持面积	户数(户)	—	32	—	1	33
	比重(%)	—	96.97	—	3.03	100
扩大面积	户数(户)	5	17	1	—	23
	比重(%)	21.74	73.91	4.35	—	100
合计	户数(户)	7	141	84	32	264
	比重(%)	2.65	53.41	31.82	12.12	100

在受访农户中，有 30 户农户表示从未听说过大豆目标价格政策，而其他农户对大豆目标价格政策的了解主要来源于村集体、亲友邻居和媒体三种渠道。表示从村集体听说大豆目标价格政策的农户有 112 户，从亲友邻居听说大豆目标价格政策的农户有 78 户，在新闻媒体上看到有关大豆目标价格信息的农户有 73 户。可见 2015 年，大豆目标价格政策在黑龙江试点区得到了普遍宣传，政府、村集体等组织在此方面也起到了积极的作用。

8.4.5　受访者大豆种植意愿分析

在大豆目标价格政策实施之前，我国对大豆实行的是临时收储政策，在一定程度上对保持国内大豆价格稳定、维护农民利益方面起到了积极的作用。但是，由于大豆国际市场价格持续走低，导致我国大豆价格由原来的与国外大豆价格互有高低，完全转变为持续高于国外大豆价格，因此大豆临时收储政策效果日益下降，未能有效地保证全国大豆主产区内大豆种植面积的稳定，随即也产生了国内大豆市场低迷、国家财政补贴大幅增加等问题。在这种情况下，我国实行大豆目标价格政策，将政府的补贴政策与农产品市场价格相挂钩，意在保护大豆生产者较少地受到市场价格波动的冲击，维护大豆生产者的利益，进而稳定国内大豆种植面积，保障国内大豆供给。因此本文对农户在实施大豆目标价格政策后的大豆种植意愿以及对大豆目标价格政策的评价进行了简单的调查。

表 8-8 显示的是受访农户的大豆种植意愿情况。从表中可以看出，农户大豆的种植意愿并不积极，有 45.08%的农户因为大豆种植成本高、收益低，表示不愿意种植大豆，比重最多；表示一般愿意的农户数也较多，占总数的 44.32%，主要是因为种植习惯以及土地适宜度选择种植大豆；只有 27 户农户表示大豆目标价格实施后非常愿意进行大豆生产种植。

表 8-8　受访农户大豆种植意愿情况

意愿程度	非常愿意	一般愿意	不愿意	没有影响
户数(户)	27	117	119	1
比重(%)	10.23	44.32	45.08	0.38

在被调查的 264 户农户中，有 190 户对大豆目标价格政策表示并不满意，占总数的 71.97%，而且有 11.74%的农户给出了非常不满意的评价，主要是认为大豆目标价格政策的补贴力度较低，即使得到补贴，大豆种植收入仍然低于玉米种植收入。但农户对大豆目标价格政策能否保护农民大豆种植收入以及能否调动农民大豆种植积极性方面，总体上给出了较为平均的评价。约 48.48%的农户认为该政策可以保护农民的大豆种植收入，其中基本同意的农户数最多，有 109 户，占总数的 41.29%，而表示不同意和非常不同意的分别有 102 户和 34 户。同时有 54.92%的农户认为大豆目标价格政策是可以调动农民种植大豆的积极性。虽然几乎所有农户都认为大豆收入不如经济作物收入或非农就业收入，但仍有 87.12%的农户认为在实施大豆目标价格政策以后，从长远看种植大豆是合算的。具体见表 8-9。由此可见，虽然大多数农户认为 2014 年和 2015 年黑龙江地区大豆目标价格政策的补贴额度偏低，表示并不满意，但总体来看，大豆目标价格的实施仍然受到了豆农的认可，在促进农户种植大豆的积极性方面起到了一定的作用。

表 8-9 受访农户对大豆目标价格政策的评价

		非常同意	同意	基本同意	不同意	非常不同意
对大豆目标价格政策表示满意	户数(户)	6	5	63	159	31
	比重(%)	2.27	1.89	23.86	60.23	11.74
该政策保护了农民大豆种植收入	户数(户)	1	18	109	102	34
	比重(%)	0.38	6.82	41.29	38.64	12.88
该政策调动了农民大豆种植积极性	户数(户)	1	44	100	92	27
	比重(%)	0.38	16.67	37.88	34.85	10.23
长远看种大豆是合算的	户数(户)	9	108	113	28	6
	比重(%)	3.41	40.91	42.80	10.61	2.27
大豆收入不如经济作物或非农就业收入	户数(户)	177	74	11	1	1
	比重(%)	67.05	28.03	4.167	0.38	0.38

8.5 农户大豆种植决策实证分析

8.5.1 模型的构建

本章利用 2015 年调研数据研究黑龙江省农户大豆种植面积决策行为的影响因素。由于因变量是非连续性变量，且农户大豆种植面积行为是基于选择效用最大化的原理，因此选择 Logistic 模型进行回归分析。根据因变量的数量，Logistic 模型有二元 Logistic 和多元 Logistic 两种模型形式，由于本文因变量有 3 个，因此选择多元 Logistic 模型。在多元 Logistic 模型中，根据因变量是否有序可以分为有序的多元 Logistic 模型和无序的多元 Logistic 模型。通过对因变量进行平行线检验，发现概率 P 值为 0，因此无法选择有序多元 Logistic 模型。综合以上因素，本章采用无序的多元 Logistic 模型对黑龙江省农户大豆种植面积决策行为进行了实证分析。

多元 Logistic 模型的表示形式为：

$$\mathrm{L_n}\left[\frac{P(\mathrm{y}=\mathrm{j}\mid x)}{P(y=\mathrm{J}\mid x)}\right]=\alpha_{\mathrm{j}}+\sum_{k=1}^{K}\beta_{\mathrm{jk}}X_{\mathrm{k}}$$

其中，$j=1,2,\cdots,J$，$P(Y_i=j)$是第 j 种选择发生的概率，X_k 是第 k 个会影响选择发生的自变量。β_{jk}是第 k 个自变量的回归系数。将第 J 种选择的发生作为参照，那么其他选择发生的概率与第 J 种选择发生的概率的比值 $\frac{P(y=j|x)}{P(y=J|x)}$被称为事件发生比，简称为 odds。在本文中，根据研究对象，$P(Y_i=j)$表示农民在大豆种植面积决策上的选择概率，将检验以下 3 种关于大豆种植面积决策事件发生比的影响因素：①扩大大豆种植面积对缩小大豆种植面积；②维持大豆种植面积对缩小大豆种植面积；③扩大大豆种植面积对维持大豆种植面积，因此建立的 3 个 Logistic 模型分别为：

$$L_n\left[\frac{P_3}{P_1}\right]=\alpha_3+\sum_{k=1}^{K}\beta_{3k}X_k \tag{1}$$

$$L_n\left[\frac{P_2}{P_1}\right]=\alpha_2+\sum_{k=1}^{K}\beta_{2k}X_k \tag{2}$$

$$L_n\left[\frac{P_3}{P_2}\right]=\alpha_1+\sum_{k=1}^{K}\beta_{1k}X_k \tag{3}$$

其中，P_3，P_2，P_1 分别表示扩大大豆种植面积、维持大豆种植面积和缩小大豆种植面积的概率。

8.5.2　变量的选取

本研究将农户 2015 年的大豆种植面积决策行为作为因变量，分为缩小种植面积、维持种植面积和扩大种植面积 3 种情况。从农户的个人特征、家庭结构特征、大豆生产销售情况、替代作物影响以及农户对大豆目标价格政策认知评价情况 5 个方面选取解释变量。在农户个人特征方面，本研究选取了性别、年龄及受教育程度 3 个指标；家庭结构特征主要指家庭人口在数量、职业方面构成情况，因此本研究选取了家庭务农劳动数这一指标；对于大豆生产销售情况，本研究主要关注农户大豆种植年限、大豆种植成本、对种植大豆风险程度的认知、对大豆销售情况的评价以及是否购买农业保险这些因素对农户大豆种植行为的影响，因此选取相应指标进行了分析；替代作物影响主要是指除大豆之外，其他两种粮食作物玉米和水稻对农户大豆种植行为的影响。由于本次调研地区及调研农户的限制，水稻种植者数量占比太低，因此本研究仅选取玉米种植的单位面积收益作为替代作物的影响指标；农户对大豆目标价格政策认知评价情况主要选取了农户对大豆目标价格的了解程度以及满意度两项指标。变量具体特征如表 8-10 所示：

表 8-10　变量取值及描述性分析

变量名称	符号	取值	均值	标准差
种植行为	Y	缩小大豆种植面积＝1；维持大豆种植面积＝2；扩大大豆种植面积＝3	1.30	0.62
性别	sex	男＝1；女＝0	0.82	0.39
年龄	age	原值	47.93	10.52
受教育程度	edu	小学以下＝0；小学＝6；初中＝9；高中/中专/职高/技校＝12；大专＝15；大学本科及以上＝16	6.40	3.64
务农数	labor	原值	2.03	0.89
大豆种植年限	year	原值	22.61	11.61
种植大豆风险程度	risk	小＝1；中＝2；大＝3	2.17	0.78
销售有无困难	sale	无困难＝1；有困难＝2；有很大困难＝3	1.65	0.60
是否购买农业保险	insurance	是＝1，否＝0	0.261	0.44
大豆单位面积成本	cost	原值	339.96	149.07
玉米单位面积收益	income	原值	496.22	234.72
对大豆目标价格政策了解程度	per	非常不了解＝1；不怎么了解＝2；一般了解＝3；非常了解＝4	2.46	0.73
对大豆目标价格政策的满意度	sat	很不满意＝1；不满意＝2；基本满意＝3；满意＝4；非常满意＝5	2.23	0.77

8.5.3　模型估计结果和检验

本研究采用软件 SPSS 21.0 对上述变量进行了“分析—回归—多项 Logistic”的回归分析，选择了 5％的显著水平。具体模拟结果如下（表 8-11，表 8-12）：

表 8-11　模型拟合情况

模型	模型拟合标准 −2倍对数似然值	似然比检验		
		卡方	df	显著水平
仅截距	348.205			
最终	162.941	185.264	24	0.000

表 8-12　模型拟合优度检验

	卡方	df	显著水平
Pearson	1 760.039	500	0.000

表 8-11 对模型拟合情况进行了分析。当模型中加入变量时，模型的−2倍对数似然值由之前的 348.205 减小到 162.941，两者之差为 185.264，自由度为 24，显著性概率 $P=0.000<0.001$，说明建立的模型是有效的。

表 8-12 给出了模型的拟合优度检验结果。可以看到，卡方值为 1 760.039，自由度为 500，显著性概率 $P=0.000$ 小于给定的 0.05 水平，从而说明模型拟合较好，可以对影响因素进行预测分析。

表 8-13 给出了黑龙江农户大豆种植面积决策行为的多元 Logistic 模型估计结果。对比可知，相对于“缩小大豆种植面积”，能显著影响农户“扩大大豆种植面积”和“维持大豆种植面积”的因素完全相同，主要有性别、家庭务农数、对种植大豆风险程度的认识、对大豆销售情况的看法、替代作物玉米的单位面积收益、对大豆目标价格政策的了解程度以及满意度。而相对于“维持大豆种植面积”，影响农户“扩大大豆种植面积”的因素有受教育程度、对种植大豆风险程度的认识以及对大豆目标价格政策的满意度，且显著性一般。这可能主要因为调研农户中，扩大大豆种植面积和维持大豆种植面积的农户数量相差不大，且占比较少，同时因为大豆生产和收益的局限性，农户选择扩大种植面积和维持种植面积时考虑因素差别甚微，因此两者相比，显著影响因素并不明显。

表 8-13 农户大豆种植面积决策行为的多元 Logistic 模型估计结果

解释变量	模型 1（扩大面积/缩小面积）		模型 2（维持面积/缩小面积）		模型 3（扩大面积/维持面积）	
	系数	标准误	系数	标准误	系数	标准误
sex	1.793*	1.023	1.511**	0.658	0.282	0.920
age	0.018	0.057	−0.019	0.035	0.037	0.055
edu	0.187	0.140	−0.065	0.076	0.252*	0.134
labor	−0.942*	0.542	−0.852**	0.414	−0.090	0.476
year	0.015	0.048	0.032	0.025	−0.017	0.047
risk	−2.635***	0.711	−1.456***	0.458	−1.179*	0.659
sale	−1.982**	1.004	−1.486***	0.555	−0.496	1.005
insurance	0.249	0.845	−0.164	0.598	0.413	0.792
cost	−0.003	0.004	−0.004	0.003	0.001	0.004
income	−0.006**	0.002	−0.005***	0.002	−0.001	0.002
per	2.206**	0.929	1.746***	0.618	0.460	0.924
sat	2.080***	0.613	1.089**	0.474	0.992*	0.497

注：*，**，*** 分别表示在 10%、5%、1%的显著性水平下显著。

8.5.4 农户大豆种植面积决策行为影响因素分析

1.农户个人特征对大豆种植面积决策行为的影响

受访者性别对农户“扩大大豆种植面积”和“维持大豆种植面积”有显著的影响。在模型 1 和模型 2 中，分别在 10%和 5%的显著水平下，性别变量通过了检验，且方向为正。说明与“缩小大豆种植面积”相比，男性更愿意选择维持家庭大豆种植决策，甚至有扩大面积的意愿。调研数据显示，男性对整个家庭的生产决策起决定性作用，很多女性并不参与农业生产和销售，主要负责家庭事务，因此，相对女性而言，男性更加了解农业市场信息和其他农户生产行为。在受访农户中，认为“由于去年大豆产量和收益低下，大多数农户今年改种玉米，因此今年玉米供过于求，相反大豆市场会供不应求，因此玉米价格将会下降，大豆涨价，种植大豆可能会增加收入”的原因而扩大和维持大豆种植面积的农户都为男性，而女性大多因为大豆价格低、收益低而选择缩小大豆种植面积，因此性别对农户大豆种植面积决策行为产生了显著的正向影响。

年龄变量没有通过检验，可能是由于农户年龄的差别对农户大豆种植面积决策行为有多方面的影响。首先，年龄导致种植习惯的差异，年龄较大的农户可能由于大豆种植习惯，不希望进行家庭生产的改变；其次，年龄导致种植经验的不同，年龄较大的农户由于种植经验丰富，不同农户凭借个人经验对种植大豆收益的预估也不尽相同，因此做出不同的大豆种植决策；还有，年龄较大的农户受体能限制，相比更加费工费时的玉米，一般选择较为容易种植的大豆进行种植，但也有可能因为体能限制减少大豆种植面积。所以，多方面的作用使得年龄变量没有对农户大豆种植面积决策行为产生显著的影响。

农户的受教育程度在模型 1 和模型 2 中都没有通过显著性检验，在模型 3 中通过了 10%统计水平的显著性检验。由调研情况可知，农户进行大豆种植面积决策行为时，考虑的最主要因素是收益，农户的受教育程度对种植大豆的收益预估并没有直接影响，因此相对于“缩小大豆种植面积”，农户的受教育程度对“扩大大豆种植面积”和“维持大豆种植面积”没有显著的影响。但在模型 3 中，和“维持大豆种植面积”相比，受教育程度较高的农户对大豆市场以及国家支持保护政策的了解度和接受度较高，因此较为倾向于扩大大豆种植面积。

2. 农户家庭务农数对大豆种植面积决策行为的影响

农户家庭务农劳动力数对农户“扩大大豆种植面积”和“维持大豆种植面积”有显著的影响，且方向为负。大豆的主要竞争性替代作物是玉米，和种植大豆相比，玉米种植工序多，劳动强度高，但收益高。因此，对于家庭务农劳动力数量较多的农户，由于玉米的高收益，很多农户选择缩小大豆种植面积改为种植玉米从而提高家庭的种植业收入。相反，由于玉米种植消耗劳动力较高，因此若家庭中务农劳动力较少，农户对玉米种植的热情就不是很高，绝大多数只是希望保持目前的生产状态。因此，农户家庭务农劳动力数量对农户“扩大大豆种植面积”和“维持大豆种植面积”有显著的负向影响。

3. 农户大豆生产销售情况对大豆种植面积决策行为的影响

农户对种植大豆风险程度以及对大豆销售难易程度的评价对农户“扩大大豆种植面积”和“维持大豆种植面积”都有显著的负向影响。大豆种植的风险程度与大豆产量和质量密切相关。调研地区的农户普遍反映去年由于降雨量少，加上几次冰雹，大豆产量急剧下降，且豆粒极小，质量不过关，导致很多收购商不愿意收购，且不断压低价格，大豆销售遭遇阻碍，因此去年黑龙江省地区的大豆收益很不理想，很多豆农做了赔本生意。因此，若农户认为种植大豆风险程度越大，大豆销售越困难，销售价格越不符合农户的心理预期，那么农户便会更加倾向于缩小大豆的种植面积，改种其他有较高收益的经济性作物或从事其他非农经济活动。

农户大豆种植年限和大豆单位面积成本都没有通过显著性检验。通过之前的描述分析可以发现，多数农户选择扩大大豆种植面积时考虑的是经济因素，还有一部分是因为轮作倒茬的需要，因此即使农户种植大豆年限较长，当面对经济收益时，也有可能将大豆改为其他收益较高的经济作物。同时，通过调研数据可知相同调研地区农户的大豆种植生产资料几乎相同，因此大豆的单位面积成本相差不大。所以，本研究中农户大豆种植年限和大豆单位面积成本对农户的大豆种植面积决策行为并没有产生显著影响。

农户是否购买农业保险没有通过显著性检验。这与调研地区实际情况有关，受访农户中，购买农业保险的农户比例较少，而且即使是购买农业保险的农户在大豆生产受到灾害后，也没能及时得到索赔金额，因此对农业保险的赔偿机制也并不满意，导致农业保险对农户大豆种植的决策行为并没有产生显著影响。

4.替代作物对大豆种植面积决策行为的影响

替代作物玉米的单位面积收益对农户"扩大大豆种植面积"和"维持大豆种植面积"有显著的影响。在模型1和模型2中，分别在5%和1%的显著水平下，玉米的单位面积收益变量通过了检验，且方向为负。说明玉米的单位面积收益越大，农户越倾向于减少大豆的种植面积，这符合农户在进行生产种植决策时主要以作物收益作为衡量标准这一现实状况。

5.农户对大豆目标价格政策认知评价对大豆种植面积决策行为的影响

农户对大豆目标价格政策的了解度和满意度在模型1和模型2中都通过了显著性检验，系数为正，说明农户对大豆目标价格政策的了解程度和满意度越高，农户越倾向于扩大或维持大豆种植面积。由上文调研数据统计分析的结果可知，农户在并不十分了解大豆目标价格的情况下，多数农户表示并不愿意进行大豆种植，认为种植大豆不如种植经济作物或从事非农就业的收入高，黑龙江省地区实施的目标价格政策较低。但是从总体上看，大豆目标价格政策受到了黑龙江豆农的认可，多数农户认为该政策可以调动农民种植大豆的积极性，对豆农的收入起到保障作用。因此，为了达到大豆目标价格政策的实施效果，对农户大豆生产种植起到积极的促进作用，提高农户对大豆目标价格政策的了解度和满意度是有效措施。

8.6　本章小结

本章根据黑龙江省大豆种植农户的调查数据，对农户的家庭基本情况、大豆生产销售情况、参加社会化服务组织情况、对大豆目标价格政策认知情况及满意度情况进行了描述性统计分析。然后根据调研数据，从农户的个人特征、家庭结构特征、大豆生产销售情况、替代作物影响以及农户对大豆目标价格政策认知评价情况 5 个方面选取解释变量，建立多元 Logistic 模型，对影响农户大豆种植面积决策行为的因素进行了实证分析。得到以下结论：①农户的性别和受教育程度对农户大豆种植面积的决策行为有一定的正向影响。相对于保守的女性，男性更容易根据市场信息、政策信息及他人生产行为选择“扩大大豆种植面积”和“维持大豆种植面积”。农户的受教育程度越高，选择“扩大大豆种植面积”的可能性越高。②农户家庭务农劳动力数、对种植大豆风险程度的评价、大豆销售是否困难以及替代作物单位面积收益对农户“扩大大豆种植面积”和“维持大豆种植面积”有显著的负向影响。③农户对大豆目标价格政策的了解程度和满意度越高，农户越倾向于扩大或维持大豆种植面积。

第 9 章　结论及研究展望

9.1　主要研究成果及结论

(1)1996 年开始，我国由大豆净出口国转变为净进口国，此后净进口量几乎逐年上升，我国成为全球最大的净进口国。美国、巴西和阿根廷一直是我国大豆的主要进口来源国，我国 95%左右的大豆都是从这 3 个国家进口。目前，中国进口大豆占全球大豆进口量的 70%左右，占其国内全部大豆使用量的 85%。过高的进口依存度，以及进口大豆的价格优势和出油率优势，导致我国大豆的国内供给受到影响，农民种植大豆的积极性不高。

(2)世界主要国家的大豆加工业的产能数据表明，我国的大豆压榨量和豆油产量都高于世界其他国家，说明我国在全球大豆价值链中，处于加工制造的一环，价值增值低。而且，外资企业通过贸易进入和加工进入两个手段进入我国油脂油料产业，并由此控制着我国大豆的进口，致使我国作为全球最大的大豆进口国，却对原材料的采购没有定价权，面对由别人掌控的不利局面。

(3)随着改革开放步伐的加快，越来越多的外资加工企业进入中国，它们凭借充裕的资金和多年的生产经营经验，成为我国国有企业和民营企业强有力的竞争对手，加剧了国内食用植物油行业的竞争。然而，近些年来，随着民营企业逐步发展壮大，内资企业相对弱势的竞争地位得到改善，行业集中度和产能的数据充分说明，目前已经形成了外资企业、国有企业以及民营企业三足鼎立的局势。而且，在豆油零售市场上，虽然外资粮油集团益海嘉里占据了国内最大的市场份额，但并非处于绝对的领先地位，其早期实施的多品牌战略优势正在逐步消退，国有企业与民营企业与其的差距正在缩小，国内粮油市场的竞争品牌正向多元化发展。因此，"外资企业控制我国大豆整个产业链，危及产业安全，尤其是控制着豆油加工与豆油零售环节"的结论缺乏证据，因此不必谈外资色变。

(4)"大豆批发价格—豆油批发价格—豆油零售价格"的纵向价格传递的长期关系研究表明，大豆产业链上各价格呈现反向传导，属于下游拉动上游的传导机制，豆油零售价是豆油批发价变化的原因，豆油批发价是大豆批发价变化的原因；同时存在着价格传递的不对称，豆油批发商和零售商存在一定的市场力量，在大豆产业链中占据主导地位。因此，政府在宏观调控的过程中，应注重加强对大豆产业链下游豆油零售价格波动的监控，建立我国大豆产业价格监测预警系统，保障消费者的福利。

(5)在短期传递速度上，大豆产业链的下游价格对上游价格的传递速度均滞后一期，并均表现为正向影响；在短期传递强度上，存在非对称性，同时豆油批发价的传递强度最高，其变动会对大豆产业链产生较大的影响，从而也应注重豆油批发价格的监测，有效运用豆油储备政策等调控手段，减少大豆产业的价格异常波动给居民日常生活及大豆产业主体带来不利影响。

(6)在大豆和豆油批发(FW)价差的影响因素中，豆油人均供给量(S_2)对大豆和豆油批发价差(FW)有正向影响，说明随着S_2的增加，大豆批发价格下降幅度大于豆油批发价格。人均食用植物油购买量(D)对FW价差有显著的负向影响，由于人均食用植物油购买量一定程度上代表人均豆油的需求量，需求量越大，理论上来说豆油的批发价格会上升，同时作为原材料的大豆的批发价格也会相应上升，说明大豆批发价格的上涨程度大于豆油批发价格的增幅，因此价差会减小。大豆加工企业员工平均劳动生产率(T)对FW价差有显著的负向影响，大豆加工企业劳动生产率的提高会使豆油批发商的成本下降，从而导致豆油批发价格的下降，因此FW价差缩小。

(7)人均食用植物油购买量(D)对豆油批发零售(WR)价差有正向影响,因为消费者豆油需求量增加会带动豆油零售价和批发价不同幅度的上涨,但通常情况下,豆油零售价格对消费者需求相对豆油批发价格更敏感,从而零售价格增长幅度会大于批发价格,即批零价差增大。豆油生产企业员工平均劳动生产率(T)对豆油批零差价(WR)的正向影响也比较显著,豆油生产企业员工劳动生产率的提高即豆油加工成本的下降会相应减少豆油的批发价和零售价,但豆油批发价格相对豆油零售价格对豆油生产企业员工劳动生产率更为敏感,从而拉大豆油批零价差,与劳动生产率对豆油和大豆批发价差的影响正好相反。大豆单位生产成本(C)对豆油的批发零售价格差产生显著负向影响,原材料生产成本的增加会导致整条产业链上不同主体的成本不同程度的增加,从而表现在不同环节中出售价格不同程度的提高,但豆油批发价格相对豆油零售价格对大豆生产成本更为敏感,从而豆油批发价格上涨幅度大于豆油零售价,豆油批零价差减少。

(8)虽然外资对于大豆和豆油市场的纵向价格价差并未表现出显著影响,但其占我国大豆和豆油市场的份额不容小觑,因此,应加强对外资进入的监管,制定适合大豆产业特点的反垄断实施细则。

(9)我国大豆供给反应实证表明:我国大豆的播种面积受滞后一期大豆播种面积和滞后一期大豆单价的显著正向影响;受滞后一期替代作物单位面积纯收益的显著负向影响。因此,要想稳定大豆种植面积不下降,甚至提高大豆的种植面积,政府应加大对豆农农资上的补贴以及良种补贴,以便降低大豆的种植成本,确保农户种植大豆的收益,提高豆农的种植积极性。

(10)全国大豆主产区的大豆种植户在决策大豆播种面积时主要受以往多期大豆价格的影响,豆农在调整大豆种植面积时,不会只考虑当年或上一年的大豆价格,至少会考虑3年的大豆价格。由此可见,大豆价格确实对大豆的供给产生了促进作用,但是农户在短期内不能及时对价格做出生产决策的调整,因此政府应加强对大豆价格信息平台建设,使生产者及时获取市场信息,同时加大对大豆生产者的培训,提高豆农对价格信息的认知度和判断力,增强生产者对大豆价格的反应能力,从而缩短豆农生产决策对价格变化的时间,有效促进大豆的供给。

(11)我国大豆供给对价格变化的反应并不敏感,短期价格弹性为0.29,说明在短期内,农户由于资源条件及能力限制,来不及对价格做出反应,从而及时调整大豆种植面积;长期价格弹性提高到0.64,说明在长期内,农户根据价格进行大豆播种面积决策的反应度会有一定程度的加强,但加强幅度不高。由此可见,农户根据价格进行大豆播种面积决策还存在一定的时滞性,因此政府要确保相关政策的稳定性和连续性,保证农户做出合理的价格预期,进而做出理性的生产决策,保障大豆的供给。

(12)2008年出台的大豆临时收储政策对大豆的供给反应没有达到理想效果,未能有效地稳定大豆主产省区的大豆种植面积。政府应坚持并完善新出台的大豆目标价格政策,加强政策的宣传力度,监管政策的实施过程,保障政策的实施效果。

(13)对黑龙江省微观农户的调研数据的实证分析表明:农户的性别和受教育程度对农户大豆种植面积的决策行为有一定的正向影响。相对于保守的女性,男性更容易根据市场信息、政策信息及他人生产行为选择"扩大大豆种植面积"和"维持大豆种植面积"。农户的受教育程度越高,选择"扩大大豆种植面积"的可能性越高。

(14)农户家庭务农劳动力数对农户"扩大大豆种植面积"和"维持大豆种植面积"有显著的影响,且方向为负。大豆的主要竞争性替代作物是玉米,和种植大豆相比,玉米种植工序多,劳动强度高,但收益高。因此,对于家庭务农劳动力数量较多的农户,由于玉米的高收益,很多农户选择缩小大豆种植面积改为种植玉米从而提高家庭的种植业收入。相反,由于玉米种植消耗劳动力较高,因此若家庭中务农劳动力较少,农户对玉米种植的热情就不是很高,绝大多数只是希望保持目前的生产状态。

(15)农户对种植大豆风险程度以及对大豆销售难易程度的评价对农户"扩大大豆种植面积"和"维持大豆种植面积"都有显著的负向影响。若农户认为种植大豆风险程度越大,大豆销售越困难,销售价格越不符合农户心里的预期,那么农户便会更加倾向于缩小大豆的种植面积,改种其他有较高收益的经济性作物或从事其他非农经济活动。

(16)替代作物玉米的单位面积收益对农户"扩大大豆种植面积"和"维持

大豆种植面积”有显著的影响。说明玉米的单位面积收益越大,农户越倾向于减少大豆的种植面积,这符合农户在进行生产种植决策时主要以作物收益作为衡量标准这一现实状况。

(17)农户对大豆目标价格政策的了解度和满意度有显著的正向影响,说明农户对大豆目标价格政策的了解程度和满意度越高,农户越倾向于扩大或维持大豆种植面积。从总体上看,大豆目标价格政策受到了黑龙江豆农的认可,多数农户认为该政策可以调动农民种植大豆的积极性,对豆农的收入起到保障作用。因此为了达到大豆目标价格政策的实施效果,对农户大豆生产种植起到积极的促进作用,提高农户对大豆目标价格政策的了解度和满意度是有效措施。

综上所述,通过产业链各个环节,以及价格传递不对称性和价差影响因素的分析,说明我国大豆产业确实存在着一定的问题,表现为进口依存度高,原料进口没有定价权,外资占比较高,加工和零售环节占主导地位等,但是还远远没有上升到产业危机的地步。当然,具体对大豆产业安全的判断仍需结合其他指标做进一步深入地实证研究。基于目前的现实,我国今后一段时期可能仍要依靠进口来满足国内的大豆需求,但是国内的大豆生产仍不能松懈。今后一个时期,我国大豆生产发展定位是满足国内食用大豆需求,目的不是追求大豆自给水平,也不是与进口大豆抗衡,而是形成国产大豆与进口大豆错位竞争、相互补充的格局。进口大豆主要补充食用植物油和饲料蛋白的缺口,国产大豆主要用于制作传统豆制品和调味品(农业部《关于促进大豆生产发展的指导意见》,2016)。根据大豆供给反应及农户大豆种植决策的影响因素的结论,政府应进一步强化大豆政策扶持,完善大豆目标价格政策,合理确定目标价格,稳定农民收益预期,引导农民多种大豆。同时加强分析预警,建立大豆供需信息发布机制等。

9.2 下一步研究展望

产业安全研究包括的角度很多,本书只重点从进口、外资、市场力量以及保障供给几个角度展开实证,还不够全面,下一步可将研究拓展到更宽的领域中。

此外,在价差分析模型中,样本选取 1995—2014 年的时间序列数据相对较短,使得自变量个数的选取和分析相对受限。在变量选取上,由于大豆加工和豆油零售过程中的成本数据获取较为困难,只以大豆单位生产成本代替,可能对模型结果的拟合度存在一定的影响。最主要地,由于市场集中度测算所需数据不全,致使这个非常重要的指标没有被考察到。这些都需要在下一步研究中得到修正和克服。

参考文献

1. 2016 年国内大豆压榨产能继续提升. 中国食用植物油网. http://www.oil-cn.com/article/2016/01/25_73694.html.
2. Clive James. 2015 年全球生物技术/转基因作物商业化发展态势[J]. 中国生物工程杂志,2016(04):1-11.
3. 鲍韵,吴昌南. 我国大豆产业安全预警系统构建[J]. 江西社会科学,2013(04):48-53.
4. 陈艳红,胡胜德. 农户优质稻米种植意愿分析——基于黑龙江省 359 个普通水稻种植户的调查[J]. 农业技术经济,2014(10):106-110.
5. 陈雨生,乔娟,闫逢柱. 农户无公害认证蔬菜生产意愿影响因素的实证分析——以北京市为例[J]. 农业经济问题,2009(6):34-39.
6. 董国新. 我国粮食供求区域均衡状况及其变化趋势研究[D]. 浙江大学,2007.
7. 董晓霞,许世卫,李哲敏,等. 中国肉鸡养殖业的价格传导机制研究——基于 FDL 模型的实证分析[J]. 农业技术经济,2011,03(01):21-30.
8. 杜为长,科尔曼. 中国农作物播种面积对价格变化反应的实证分析[J]. 中国农村观察,1997(2):35-40.
9. 范垄基,穆月英,付文革,等. 基于 Nerlove 模型的我国不同粮食作物的供给反应[J]. 农业技术经济,2012(12):4-11.
10. 范润梅,庞晓鹏,王征南. 蔬菜市场批零价差和价格传递机制分析[J]. 商业研究,2007(11):110-114.
11. 方燕,邓杰. 大豆期现货与豆油豆粕价格传导关系的实证研究[J]. 经济理论与实践,2013(04):75-76.
12. 方燕,高翔宇. 大豆压榨产业链价格传导的非对称性研究[J]. 经济理论与实践,2015(03):48-50.
13. 宫平强. 鲁花公司小包装食用植物油营销策略研究[D]. 青岛科技大

学,2012.

14. 谷强平,周静,杜吉到. 基于贸易视角的中国大豆产业安全分析[J]. 大豆科学,2015(02):315-319.

15. 郭鉴硕. 黑龙江省大豆供给反应及农户种植决策影响因素分析[D]. 中国农业大学,2016.

16. 郭晶晶,陈雪,黄化刚,等. 烟农规模化种植意愿及影响因素分析——基于毕节威宁烟区 253 户烟农调研数据[J]. 技术与创新管理,2014,35(4):357-361.

17. 郭于华. 天使还是魔鬼——转基因大豆在中国的社会文化考察[J]. 社会学研究,2005(01):84-112,247.

18. 国产大豆与南美进口大豆在压榨利润上的对比分析. 食品产业网. http://news.foodqs.cn/schq002/200566163527.htm.

19. 何维达,何丹,朱丽萌. 加入世界贸易组织后我国农业产业安全估算及对策[J]. 经济与管理研究,2007(02):50-56.

20. 侯守礼,王威,顾海英. 消费者对转基因食品的意愿支付:来自上海的经验证据[J]. 农业技术经济,2004(04):2-9.

21. 胡华平,李崇光. 农产品垂直价格传递与纵向市场联结[J]. 农业经济问题,2010(01):10-17.

22. 花俊国. 基于 SVAR 模型的奶业产业链中垂直价格传导机制研究[J]. 河南农业大学学报,2013,47(04):492-497.

23. 贾兴梅,李平. 中国大豆产业安全度初步评估[J]. 华南农业大学学报(社会科学版),2012(03):25-32.

24. 蒋秋林. 我国大豆播种面积的影响因素研究[D]. 南京农业大学,2010.

25. 黎原亨. 中国食用植物油企业竞争战略研究——基于鲁花、中粮集团的案例分析[D]. 西南财经大学,2014.

26. 李丹,王玲瑜. 油菜主产区和兼业区农户种植面积决策的经济学分析[J]. 安徽农业科学,2012(1):484-486.

27. 李桂芹,王丽丽. 蔬菜全产业链价格传递机制研究[J]. 农业经济问题,2012(11):30-36.

28. 李圣军. 生猪及猪肉全产业链价格传递机制研究[J]. 经济问题,2013,02

(18):62-67.

29. 李锁平,王利农. 我国蔬菜供给对价格的反应程度分析[J]. 农业技术经济,2006(05):59-62.
30. 李晓萌. 基于层次分析法的洪湖市农户中稻种植行为分析[J]. 现代农业科技,2014(05):310-311.
31. 李孝忠,周慧秋. 大豆种植农户生产决策差异分析[J]. 东北农业大学学报(社会科学版),2013,11(05):1-6.
32. 李闫. 九三系列大豆油分销渠道策略研究——以辽南地区为例[D]. 华中农业大学,2013.
33. 李哲敏,许世卫,董晓霞,等. 中国禽蛋产业链短期市场价格传导机制[J]. 中国农业科学,2010,43(23):4 951-4 962.
34. 廖翼. 中国大豆产品产销价格传导机制实证分析[J]. 粮食科学与经济,2015,40(5):31-35.
35. 林大燕,朱晶. 从供应弹性的视角看我国主要农作物种植结构变化原因[J]. 农业技术经济,2015(1):33-41.
36. 刘芳,李欣,王浩. 农户农产品生产意愿影响因素的实证分析——以广东省油茶种植为例[J]. 中国农村观察,2010(6):54-65.
37. 刘家富,李秉龙,李孝忠. 基于 VAR 模型的国产大豆和豆油市场价格传导研究[J]. 农业技术经济,2010,08(14):33-38.
38. 罗锋. 基于 Nerlove 模型的中国粮食供给反应研究[J]. 佛山科学技术学院学报,2009,27(5):35-38.
39. 吕开宇,俞冰心,邢鹂. 新阶段的粮农生产决策行为分析——"粮价上涨对非贫困和贫困种植户的影响[J]. 中国农村经济, 2013(9):31-43.
40. 马翠萍,肖海峰. 我国大豆种植户持续种植意愿的影响因素——基于山东省农户的调查问卷[J]. 技术经济,2011,30(9):85-89.
41. 马文杰,冯中朝. 基于 Nerlove 模型的中国小麦供给反应研究[J]. 技术经济,2009,28(3):50-52.
42. 宁攸凉,乔娟,宁泽逵. 中国生猪产业链价格传导机制研究[J]. 统计与决策, 2012(10):96-98.
43. 牛三妹. 我国大豆市场纵向价格传递问题研究[D]. 中国农业大学,2012.

44. 农业部.《关于促进大豆生产发展的指导意见》,2016.
45. 潘文华,许世卫. 黑龙江省大豆产业困境与差异化发展战略[J]. 农业经济问题,2014(02):26-33.
46. 彭超,肖逸秋. 我国玉米贸易及产业安全状况的评估与展望[J]. 农业展望,2010(12):32-36.
47. 彭可茂,祁春节,雷海章. 中国城乡居民食用植物油的需求弹性分析[J]. 中国物价,2006(04):61-64.
48. 钱文荣,王大哲. 如何稳定我国玉米供给——基于省际动态面板数据的实证分析[J]. 农业技术经济,2015(1):22-32.
49. 钱宇. 跨国企业进入背景下中国玉米产业安全评价研究[D]. 东华大学,2013.
50. 邵飞,陆迁. 基于 Nerlove 模型的中国不同区域玉米供给反应研究[J]. 经济问题,2011(7):73-76.
51. 舒尔茨 T. W. [美]. 改造传统农业[M]. 梁小民译. 北京:商务印书馆,1987.
52. 司伟,王秀清. 中国糖料的供给反应[J]. 中国农村观察,2006(4):2-11,55.
53. 宋金田,祁春节. 农户柑橘种植意愿及影响因素实证分析——基于我国柑橘主产区 152 个农户的调查[J]. 华中农业大学学报(社会科学版),2012(4):17-21.
54. 宋雨河,武拉平. 价格对农户蔬菜种植决策的影响——基于山东省蔬菜种植户供给反应的实证分析[J]. 中国农业大学学报(社会科学版),2014(2):136-142.
55. 孙晓燕,苏昕. 土地托管、总收益与种粮意愿——兼业农户粮食增效与务工增收视角[J]. 农业经济问题,2012(8):102-108,112.
56. 王德文,黄季焜. 双轨制度下中国农户粮食供给反应分析[J]. 经济研究,2001(12): 55-65.
57. 王芳,陈俊安. 中国养猪业价格波动的传导机制分析[J]. 中国农村经济,2009(7):31-41.
58. 王宏,张岳恒. 中国玉米供给反应:基于 Nerlove 模型的实证研究[J]. 农村经济,2010(6):36-38.
59. 王济民. 我国的大豆经济:供给与需求的重点分析[D]. 中国农业科学院,2000.
60. 王晶晶,钱小平,陈永福. 我国生猪产业链价格传递的非对称性研究——基于门限误差修正模型的实证分析[J]. 农业技术经济,2014(02):85-95.
61. 王莉,苏祯. 农户粮食种植面积与粮价的相关性研究——基于全国农村固定观察点的农户调查数据[J]. 农业技术经济,2010(9):90-96.
62. 王璐. 中国油菜产业安全研究[D]. 华中农业大学,2014.
63. 王群超. 中国棉花产业安全研究[D]. 天津财经大学,2013.
64. 王思舒. 我国猪肉价格传导机制的非对称性问题研究——以北京市为例[J]. 经济纵横,2010(06):84-87.
65. 王秀清,Weldegebriel H. T.,Rayne A. J. 纵向关联市场间的价格传递[J]. 经济学(季刊),2007,6(03):885-898.
66. 王秀清,程厚思. 蔬菜供给反应分析[J]. 经济问题探索,1998(10):54-56.
67. 王瑶. 贸易救济措施对我国产业安全的影响分析——以大豆产业为例[D]. 安徽农业大学,2013.
68. 王永刚,王裕雄,彭博. 我国油料供给反应的实证分析[J]. 新疆农垦经济,2006(7): 27-30.
69. 吴燕红. 中国农产品产业安全研究——以大豆贸易为例[D]. 苏州大学,2013.
70. 项朝阳,孙慧. 基于计划行为理论的农户安全蔬菜种植意愿研究[J]. 广东农业科学,2014(18):176-181.
71. 谢淑华. 我国大豆产业安全综合评价研究[D]. 江西财经大学,2015.
72. 辛贤. 农产品价差模型改进[J]. 预测,1998(06):35-37.
73. 杨树果,何秀荣,赵勇. 2013 年黑龙江省大豆农户种植意愿调查与分析[J]. 大豆科技,2013(3):6-8.
74. 杨树果. 产业链视角下的中国大豆产业经济研究[D]. 中国农业大学,2014.
75. 杨振华. 黑龙江省大豆生产影响因素分析及预测研究[D]. 东北农业大学,2012.

76. 于洁,郝庆升. 入世后中国大豆经济效用与产业安全效用分析[J]. 吉林农业大学学报,2015(01):120-126.
77. 张光辉,崔瑞娟. 我国大豆产业安全状况分析及对策[J]. 华南农业大学学报(社会科学版),2008(02):38-45.
78. 张明杨,陈超,谭涛,等. 中国农户玉米播种面积决策的影响因素分析[J]. 南京农业大学学报(社会科学版),2014,14(3):37-43.
79. 张淑荣. 我国棉花产业安全的表现、原因及传导机制[J]. 国际贸易问题,2012(07):37-47.
80. 张晓敏,周应恒. 基于易腐特性的农产品纵向关联市场间价格传递研究——以果蔬产品为例[J]. 江西财经大学学报,2012(2):78-85.
81. 张昕. 中国大豆产业安全研究[D]. 山东大学,2010.
82. 赵勤. 产业安全视角下黑龙江省大豆产业发展研究[J]. 大豆科学,2010(03):525-529.
83. 郑宝华,李东. 国内农业产业安全问题研究综述[J]. 农业经济问题,2008(01):22-25.
84. 中国农产品加工业年鉴,2013.
85. 中国农产品贸易发展报告,2015.
86. 中国食用植物油产业报告,2015.
87. 中国食用植物油网,2016 年国内大豆压榨产能继续提升. http://www.oilcn.com/article/2016/01/25_73694.html.
88. 中国食用植物油市场供需预测及投资战略咨询报告,2016—2022.
89. 钟甫宁,胡雪梅. 中国棉农棉花播种面积决策的经济学分析[J]. 中国农村经济,2008(6):39-45.
90. 周金城,陈乐. 基于门限模型的我国猪肉产业链非对称价格传导研究[J]. 经济问题探索,2014(01):127-134.
91. 周清明. 农户种粮意愿的影响因素分析[J]. 农业技术经济,2009(5):25-30.
92. 周应恒,邹林刚. 中国大豆期货市场与国际大豆期货市场价格关系研究[J]. 农业技术经济,2007(01):55-62.
93. 朱红根,翁贞林,康兰媛. 农户参与农田水利建设意愿影响因素的理论与实证分析—— 基于江西省619户种粮大户的微观调查数据[J]. 自然资源学报,2010,25(4):539-546.

94. 朱思柱,周曙东. 基于扩展 Nerlove 模型的中国大豆供给反应弹性研究[J]. 大豆科学,2014,33(5):752-758.

95. Abebayehu Tegene, Wallace E. Huffman, *et al*. The Effects of Information on Consumer Demand for Biotech Foods: Evidence from Experimental Auctions. United States Department of Agriculture, 2003.

96. Askari, H., Cummings, J. T. Estimating Agricultural Supply Response with the Nerlove Mode: A Survey[J]. International Economic Review, 1977,18(2):257-292.

97. Balke N. S., Fomby T. B. Threshold Cointegration[J]. International Economic Review, 1997(38):627-645.

98. Ball, V. E., R. G. Chambers. An Economic Analysis of Technology in the Meat Products Industry [J]. American Journal of Agricultural Economics, 1982(64):699-709.

99. Brester, G. W., J. M. Marsh. The Effects of U. S. Meat Packing and Livestock Production Technologies on Marketing Margins and Prices [J]. Journal of Agricultural and Resource Economics, 2001(26):445-462.

100. Buse R. C., Brandow G. E. The Relationship of Volume, Prices and Costs to Marketing Margins for Farm Foods [J]. Journal of Farm Economics, 1960,42(2):362-370.

101. Byeong-Seon Yoon. Who is Threatening Our Dinner Table? The Power of Transnational Agribusiness [J]. Monthly Review, 2006,58(6):56-64.

102. Colin. A Carter, Fu-Ning Zhong. Will Market Prices Enhance Chinese Agriculture? : A Test of Regional Comparative Advantage[J]. Western Journal of Agricultural Economies, 1991,16 (2): 417-426.

103. David A. Darr, Wen S. Chern. Estimating Adoption of GMO Soybeans and Maize: a Case Study of Ohio, USA. Market Development for Genetically Modified Foods (M), CABI Publishing, 2002.

104. Engle R. F., Granger C. W. J. Co-Integration and Error Correction: Rep-

resentation, Estimation, and Testing [J]. Econometrica, 1987, 55(02): 251-276.

105. Fernando A. Do Oil Prices Drive Food Prices? The Tale of a Structural Break [J]. Journal of International Money and Finance, 2014(42): 253-271.

106. Francis X. Diebold, Russell L. Lamb. Why Are Estimates of Agricultural Supply Response So Variable? Journal of Econometrics, 1997, 76(1-2): 357-373.

107. Gardner B. L. The Farm-Retail Price Spread in a Competitive Food Industry [J]. American Journal of Agricultural Economics, 1975, 57(3): 399-409.

108. Gary D. Thompson, Charles C. Lyon. Marketing Order Impacts on Farm-Retail Price Spreads: The Suspension of Prorates on California-1rizona Navel Oranges [J]. American Journal of Agricultural Economics, 1989, 71(3): 467-660.

109. George Gaskell, Martin W. Bauer, John Durant, *et al*. Worlds Apart? The Reception of Genetically Modified Foods in Europe and the U. S. [J]. Science, 1990 (16): 384-387.

110. Goodwin B. K., Harper D. C. Price Transmission, Threshold Behavior, and Asymmetric Adjustment in the U. S. Pork Sector [J]. Agricultural and Applied Economics, 2000, 32(03): 543-553.

111. GRAIN. The New Farm Owners: Corporate Investors Lead the Rush for Control Over Overseas Farmland [N]. 20 October, 2009.

112. Hall L., A. Schmitz, J. Cothern. Beef Wholesale-Retail Marketing Margins and Concentration [J]. Economica, 1979(46): 295-300.

113. Henri Theil. A Multinomial Extension of the Linear Logit Model[J]. International Economic Review, 1969, 10(3): 251-259.

114. Hopper W. D. Allocation Efficiency in Traditional Indian Agriculture [J]. Journal of Farm Economies, 1965, 47(3): 611-624.

115. Houck J. P. An Approach to Specifying and Estimating Non Reversible

Functions [J]. American Journal of Agricultural Economics, 1977(59): 570-572.

116. Jaffry R. Asymmetric Price Transmission: A Case Study of the French Hake Value China [J]. Marine Resource Economics, 2005, 19(04): 511-523.

117. J. Edward Taylor and Philip L. Martin. Human Capital: Migration and Rural Population Change. Chapter for Handbook of Agricultural Economics[M], Bruce L. Gardner and Gordan C. Rausser, eds. , to be published by Elsevier Science. New York, 2001.

118. Johansen, S. , K. Juselius. Maximum Likelihood Estimation and Interference on Cointegration——With Applications to the Demand for Money [J]. Oxford Bulletin of Economics and Statistics, 1990, 52(2): 162-210.

119. Li Liu. Cross-Correlations between Crude Oil and Agricultural Commodity Markets [J]. Physica A, 2014(395): 293-302.

120. Lipton M. The Theory of Optimising Peasant[J]. Journal of Development Studies, 1968, 4(3): 26-50.

121. Ma. Lucila A. Lapar, Simeon K. Ehui. Factors Affecting Adoption of Dual-Purpose Forages in the Philippine Uplands[J]. Agricultural System, 2004(81): 95-114.

122. Marsh J. M. , G. W. Brester. Wholesale-Retail Marketing Margin Behavior in the Beef and Pork Industries [J]. Journal of Agricultural and Resource Economics, 2004(01): 45-64.

123. Meyer J. , V. Cramon-Taubadel S. Asymmetric Price Transmission: A Survey [J]. Agricultural Economics, 2004, 55(03): 581-611.

124. Mette W, Tewodros A. K, Olbvar B, *et al*. On the Measurement of Risk Aversion from Experimental Data[R]. Discussion Paper, 2004.

125. Monia K. B. , Jose M. G. Asymmetric Price Transmission in the Spanish Lamb [J]. European Review of Agricultural Eonomics, 2007, 34(01): 53-80.

126. Multop J. R. , J. W. Helmuth. Relationship between Structure and Per-

formance in the Steer and Heifer Slaughter Industry. Staff Report, Committee on Small Business, U. S. House of Representatives, Government Printing Office, Washington, DC, 1980.

127. Muth. Rational Expectations and the Theory of Price Movements[J]. Econometrica, 1961, 29(3): 315-335.

128. Nerlove M. Estimates of Elasticities of Supply of Selected Agricultural Commodities[J]. American Journal of Farm Economics, 1956, 38(2): 496-509.

129. Nowshirvani V. F. Agricultural Supply in India: Some Theoretical and Empirical Studies[D]. Massachusetts Institute of Technology, 1968.

130. Payne J., Fernandez-Cornejo J., Daberkow S. Factors Affecting the Likelihood of Corn Rootworm Bt seed Adoption[J]. AgBioForum, 2003, 6(1&2): 79-86.

131. Richard Tiffin, P J. Dawson. Structural Breaks, Cointegration and the Farm-Retail Price Spread for Lamb [J]. Applied Economics, 2000(32): 1281-1286.

132. Saban N., Cumhur E., Ugur S. Volatility Spillover between Oil and Agricultural Commodity Markets [J]. Energy Economics, 2013(36): 658-665.

133. Schroeter J. R., A. M. Azzam, M. Zhang. Measuring Market Power in Bilateral Oligopoly: The Wholesale Market for Beef [J]. Southern Economics Journal, 2000(66): 526-547.

134. Schluter M. G., Mouni G. Some Management Objectives of the Peasant Farmer: An Analysis of Risk Aversion in the Choice of Cropping Pattern, Surat Distriet, India[J]. Journal of Development Studies, 1976, 12(3): 246-262.

135. V. Cramon-Taubadel S. Estimating Asymmetric Price Transmission with the Error Correction Representation: An Application to the German Pork Market [J]. European Review of Agriculture Economics, 1998, 25(01): 1-18.

136. Vandana Shiva, Ashok Emani, Afsar H. Jafri. Globalisation and Threat to

Seed Security Case of Transgenic Cotton Trials in India [J]. Economic and Political Weekly, March 6-13, 1999: 601-613.

137. Ward R. W. Asymmetry in Retail, Wholesale and Shipping Point Pricing for Fresh Vegetables [J]. American Journal of Agricultural Economics, 1982(62): 205-212.

138. Ward C. E. A Review of Causes for and Consequences of Economic Concentration in the U. S. Meat-packing Industry [J]. Cafri Current Agriculture Food & Resource Issues, 2002(03): 1-28.

139. Wohlgenant M. K. Competitive Storage, Rational Expectations and Short-Run Food Price Determination [J]. American Journal of Agricultural Economics, 1985, 67(4): 739-748.

140. Wohlgenant M. K. Demand for Farm Output in a Complete System of Demand Functions [J]. American Journal of Agricultural Economics, 1989, 71(2): 241- 252.

141. Wohlgenant M. K., Mullen J. D. Modeling the Farm-Retail Price Spead for Beef [J]. Western Journal of Agricultural Economics, 1987, 12(2): 119-125

142. Wolffram R. Positivisitic Measures of Aggregate Supply Elasticities—Some New Approaches—Some Critical Notes [J]. American Journal of Agricultural Economics, 1971(53): 356-359.

143. Yan Liang, J. Corey Miller, Ardian Harri, *et al*. Crop Supply Response under Risk: Impacts of Emerging Issues on Southeastern U. S. Agriculture [J]. Journal of Agricultural and Applied Economics, 2011, 43(2): 181-194.